MENTE PRESENTE, APRENDIZAJE PRESENTE.
Gu a para el uso de pr cticas contemplativas en el entorno educativo

MENTE PRESENTE. APRENDIZAJE PRESENTE.
Guía para el uso de prácticas
contemplativas en el entorno educativo

Maité Ortiz Morales, Ed.D

Publicado de forma independiente

Juncos, Puerto Rico

ISBN: 9798858293095

Dirección Postal

260 Carr. 932 Apt.422
Gurabo, PR. 00778-7616

mentepresenteaprendizajepresen@gmail.com
ortiz.maite27@outlook.com
alineartepr@gmail.com

AUTORA

Maité Ortiz Morales, Ed.D.

Cuenta con más de 25 años de experiencia en el ámbito educativo. Obtuvo su grado doctoral en la Universidad Interamericana de Puerto Rico, Recinto Metropolitano. Su bachillerato y maestría las realizó en el Sistema de la Universidad de Puerto Rico, en los Recintos de Humacao y Río Piedras respectivamente.

Posee una certificación postgrado en Neurociencia Cognitiva y Mindfulness del Instituto de Neurociencia Cognitiva y el Recinto de Ciencias Médicas de Puerto Rico. Ha sido profesora universitaria en la Universidad Interamericana de Puerto Rico y facilitadora docente en el Departamento de Educación de

Puerto Rico. Actualmente es maestra de primaria, maestra cooperadora en preparaci n de futuros docentes trabajando en conjunto con las principales universidades del pa s y fundadora de los proyectos MALC © (Mindfulness Applied to Learning Communities/ Modelo atentos, listos y contentos) y ALINEARTEPR.

Si tienes la oportunidad de tener este libro en tus manos, te agradecer a mucho si pudieras dejar una rese a en Amazon. Tu opini n ser de gran ayuda para que futuros lectores puedan descubrir y aprovechar este valioso recurso.

Aclaraci n

La autora no es experta en psicolog a, ni en ciencias del comportamiento, ni en el manejo de las emociones. Las fuentes utilizadas para este libro son diversas y est n mayormente basadas en las experiencias vividas por la autora en su vida personal y en su sal n de clases. El material compartido es con fines educativos. Hay diferentes factores que pueden incidir en el comportamiento de las personas y de los estudiantes en una sala de clases. Cada persona es responsable de su comportamiento y sus decisiones. La autora no se responsabiliza por los resultados de la adopci n o implementaci n de ninguna de estas recomendaciones o de los resultados que puedan tener.

Dedicatoria

A Camila y su unicornio...porque en ella he visto un poco de todos mis estudiantes. Gracias

por hacerme validar la magia que ocurre en mi
sal n. A seguir esforz ndose y creciendo…

Contenido

Introducci n

Cada a o, los educadores nos encontramos ante el desafiante panorama de observar los notables cambios en la forma en que los estudiantes regresan al sal n de clases. Como maestra de educaci n primaria, me enfrento a la realidad de que muchos de mis estudiantes tienen dificultades para seguir instrucciones simples y muestran gran dificultad para manejar sus emociones y sus respuestas inmediatas a situaciones cotidianas. Muchos de ellos presentan una baja tolerancia para realizar tareas que no involucren el uso de dispositivos electr nicos y muestran poco o ning n inter s en participar en actividades activas y din micas. En la mayor a de los casos su enfoque principal es tener un dispositivo en sus manos y obtener resultados instant neos.

En la actualidad, nos encontramos frente a una nueva generaci n de estudiantes que presentan necesidades y caracter sticas diferentes a las que observ bamos en nuestros salones hace tan solo cinco a os atr s. Vivimos en un mundo marcado por la rapidez y la inmediatez, donde los avances tecnol gicos est n al alcance de nuestras manos y la inteligencia artificial comienza a tener un mayor impacto en nuestro entorno, transformando por completo el panorama educativo.

Como educadores, debemos reconocer y adaptarnos a esta nueva realidad educativa. Es fundamental comprender que el enfoque educativo debe evolucionar para satisfacer las necesidades de esta generaci n. En nuestro camino como educadores, es fundamental reconocer la importancia de utilizar los recursos y herramientas disponibles para descubrir nuevas formas de ense anza. Debemos aprovechar y explorar nuevas formas de ense anza que buscan fomentar la atenci n y la participaci n, mientras promueven el pensamiento cr tico y la creatividad en nuestros estudiantes.

Es com n que muchos educadores, al concluir nuestras pr cticas docentes o experiencias cl nicas, creamos err neamente que la formaci n acad mica universitaria nos proporcionar todas las herramientas necesarias para hacer frente a cualquier situaci n en el entorno educativo. No obstante, la realidad es bastante diferente a este pensamiento inicial. Mi primera experiencia como maestra me llev a enfrentar el desaf o de ingresar a un sal n de clases en pleno transcurso del semestre escolar.

En lugar de dos grupos originales, se formaron tres, y como maestra novata en el sistema, me asignaron el grupo con los mayores rezagos acad micos y con problemas de conducta graves producto de diversas situaciones sociales propias de una comunidad rural de escasos recursos. Este grupo, compuesto por 18 estudiantes, desempe un papel fundamental en mi desarrollo profesional como educadora hasta el d a de hoy. Esta experiencia me hizo comprender que la formaci n acad mica inicial en la universidad es solo el punto de partida en el camino de convertirnos en educadores eficaces.

Enfrentar situaciones desafiantes en el sal n requiere de un aprendizaje continuo, desarrollar la disposici n de adaptarnos a los cambios y poseer una mentalidad abierta para abordar las necesidades nicas de cada estudiante. La interacci n diaria con los estudiantes me ha ense ado la importancia de tener empat a, buscar mi creatividad y utilizar estrategias pedag gicas efectivas. Pienso que es fundamental reconocer que el verdadero aprendizaje y crecimiento como educador ocurre a medida que nos enfrentamos y superamos los retos en el sal n. Cada experiencia, por dif cil que sea, puede convertirse en una oportunidad de desarrollo y enriquecimiento tanto para los estudiantes como para nosotros mismos.

Con esta gu a, deseo brindarte varios recursos que han demostrado ser efectivos a lo largo de mis a os como educadora. Al tener la oportunidad de deshacerme de los esquemas tradicionales y explorar nuevas formas de mejorar la ense anza, desarroll un modelo que se fundamenta en las pr cticas contemplativas.

Estas pr cticas buscan manejar las emociones y la ansiedad, mejorar la atenci n, la concentraci n, el estado de nimo y la disposici n de los estudiantes en el entorno educativo. Espero que esta gu a te resulte sumamente til. A trav s de la incorporaci n de estas herramientas, podr s crear un ambiente propicio para el aprendizaje, donde los estudiantes se sientan m s calmados, enfocados y motivados. Ver s c mo estas pr cticas contemplativas pueden marcar una diferencia significativa en el bienestar y el rendimiento de tus estudiantes.

No dudes en adaptar estas herramientas a tus necesidades y las de tus estudiantes. Cada grupo es nico y es importante ajustar las pr cticas contemplativas de acuerdo con sus caracter sticas y requerimientos. Recuerda que la flexibilidad y la experimentaci n son clave para encontrar las estrategias m s efectivas en tu contexto particular. Estoy confiada en que al compartir contigo este enfoque innovador puedas disfrutar de los beneficios que brinda tener una mente presente y un aprendizaje presente. ¡Mucho xito en la implementaci n de las pr cticas contemplativas en tu entorno educativo!

Parte I: El camino hacia la calma interior

Durante mi infancia y mis a os escolares encar numerosas dificultades relacionadas con la hiperactividad, lo que resultaba en una falta de atenci n constante. Recuerdo v vidamente c mo mi madre y algunos de mis maestros me brindaron apoyo en la b squeda de alternativas para manejar esta situaci n. Fue a trav s de la creaci n de estructuras definidas con tareas dirigidas, as como la participaci n en deportes, bailes y actividades activas, que pude canalizar mi energ a de manera m s productiva.

Este proceso de autorreflexi n me llev a reconocer la importancia de encontrar soluciones efectivas para ayudar a mis estudiantes a superar los obst culos que enfrentan. Aprend que, al proporcionarles una estructura s lida y oportunidades para participar en actividades f sicas y creativas, as como el fomentar la paciencia y brindarles apoyo emocional, puede tener un impacto significativo en su crecimiento acad mico y personal. Despu s de 25 a os trabajando en el sistema educativo de mi pa s, he sido testigo de innumerables situaciones en las que la salud mental y emocional de mis estudiantes se han visto comprometidas. Mi formaci n acad mica, as como mis propias experiencias de vida, me han llevado a la conclusi n de que es esencial abordar los cambios radicales a los que se enfrenta esta nueva generaci n en t rminos sociales, econ micos, mentales, entre otros de una forma diferente.

Cap tulo 1: El gran desaf o docente, manejar la conducta y lograr tener la atenci n

Para todo maestro, el control y manejo de la atenci n y conducta de los estudiantes representan desaf os constantes en labor diaria. Si bien la planificaci n cuidadosa de nuestras clases puede ser impecable sobre el papel, es fundamental poder captar y mantener la atenci n de los estudiantes para crear un ambiente educativo propicio para el aprendizaje. No importa lo bien estructuradas que est n nuestras planificaciones de las clases, si no logramos conectar con nuestros estudiantes y mantener su compromiso, el proceso de aprendizaje no se lograr por completo. Es en este punto donde se pone a prueba nuestra habilidad para generar un ambiente estimulante y centrado en el aprendizaje, donde cada estudiante se sienta involucrado y motivado.

Como educadora, lidiar con estudiantes desmotivados, desinteresados y con dificultades para prestar atenci n y retener informaci n se ha vuelto cada vez m s com n y un reto mayor. Si a esto le sumamos que nosotros como educadores podemos sentirnos desmotivados y frustrados por esta situaci n, nos coloca ante uno de los escenarios educativos m s desafiantes que podemos enfrentar. Para la mayor a de los educadores, hay tres aspectos que son fundamentales en el proceso educativo y son esenciales para el desarrollo de estrategias de aprendizaje efectivas: la atenci n, la concentraci n y las emociones de nuestros estudiantes. Estos aspectos est n estrechamente relacionados con los procesos cognitivos que ocurren en el cerebro durante el aprendizaje. La capacidad de procesar informaci n y adquirir conocimiento a trav s de las experiencias se conoce como cognici n (Capra, 1998). Estos tres aspectos constituyen la base de los procesos que involucran diferentes reas cerebrales y c mo estas manifestaciones conductuales se relacionan con el aprendizaje.

Para entender un poco sobre los procesos cognitivos que ocurren en el cerebro durante el aprendizaje, la neurociencia ha proporcionado importantes perspectivas sobre los efectos de las pr cticas contemplativas en el cerebro y su relevancia en el contexto educativo. Varios estudios cient ficos han demostrado que la pr ctica regular de t cnicas contemplativas puede tener un impacto positivo en la estructura y funci n del cerebro, as como en el bienestar emocional y cognitivo de los individuos. "La neurociencia respalda la idea de que las pr cticas contemplativas en el sal n de clases pueden promover el desarrollo de la autorregulaci n emocional y mejorar la capacidad de los estudiantes para gestionar el estr s y mantener la atenci n enfocada en las tareas acad micas" (Siegel, 2012). Mientras que Tang, H lzel & Posner (2015) nos comparten que "La investigaci n en neurociencia ha demostrado que la pr ctica regular de t cnicas contemplativas, como la meditaci n y la atenci n plena, pueden modificar la estructura y la funci n del cerebro, promoviendo la regulaci n emocional, la atenci n sostenida y la autorregulaci n en los estudiantes"

En la actualidad, los ni os se enfrentan desde edades tempranas a una sobreestimulaci n y a diversas influencias que pueden dispersar su mente, estas afectan negativamente su atenci n y concentraci n, convirti ndose en uno de los principales desaf os para nosotros en el sal n de clases (Calle, 2017). En el sistema educativo tradicional, gran parte del tiempo lectivo se enfoca en desarrollar habilidades acad micas para las materias b sicas. En ese tiempo los estudiantes deben cumplir con est ndares y expectativas establecidas para cada grado. Sin embargo, los procesos de aprendizaje de cada estudiante son diferentes y complejos. Existen factores determinantes que influyen en la capacidad de atenci n de una persona como: los cambios repentinos, las distracciones, las condiciones f sicas o de salud, el entorno en que se encuentre la persona.

Todos reconocemos la importancia de la atenci n en el sal n y su papel en el rendimiento acad mico de los estudiantes. Calle (2017), menciona que la atenci n puede ser desarrollada como un m sculo mediante un entrenamiento adecuado, tanto a trav s de ejercicios espec ficos para fortalecerla como prestando m s atenci n en la vida cotidiana. Existen diferentes tipos de atenci n, cada uno con su importancia y alcance, que nos permiten percibir, captar, tomar conciencia y conectar con diferentes aspectos. En un entorno educativo, la atenci n abarca diversos niveles, desde una atenci n plena hasta una completa falta de atenci n. Para los educadores, es importante que los estudiantes nos presten atenci n para seguir las instrucciones y para realizar correctamente las tareas. Por lo tanto, es crucial cultivar y fortalecer la atenci n mediante un entrenamiento sistem tico, dirigido tanto por nuestra parte como educadores, como de los propios estudiantes. Adem s, es fundamental activar la atenci n cuando hay inter s y motivaci n, ya que una atenci n bien dirigida y concentrada conduce a mejores resultados acad micos.

El uso de pr cticas contemplativas puede generar m ltiples beneficios a nivel personal y social en distintos niveles. Seg n D vila (2012), el entrenamiento de la mente a trav s de pr cticas contemplativas puede resolver la mayor a de los problemas a nivel individual y contribuir a una mejor convivencia colectiva. La mente es nuestro principal recurso y cuando se entrena adecuadamente mediante pr cticas contemplativas, puede convertirse en nuestro mejor aliado (p. 28). Recientemente, la comunidad cient fica ha compartido datos sobre los numerosos beneficios y cambios que ocurren en el cerebro cuando se practican diferentes t cnicas contemplativas. Entre estos beneficios, uno de los m s significativos fue una mejora significativa en la memoria y en la capacidad de atenci n (Lazar, 2015). Los cient ficos han comenzado a respaldar estas afirmaciones con evidencia, especialmente en lo que respecta a un aumento en la capacidad de atenci n y una mayor experiencia de compasi n (p. 406).

Mediante el entrenamiento sistem tico en pr cticas contemplativas, buscamos proporcionar a los estudiantes herramientas para elevar su umbral de atenci n y desarrollar una percepci n consciente. La meta es lograr que los estudiantes est n atentos la mayor parte del tiempo en el sal n de clases, ya que esto conduce a un proceso de aprendizaje m s efectivo y un mejor desempe o acad mico. Al implementar estas pr cticas contemplativas buscamos fomentar h bitos saludables de atenci n en estudiantes para:

- Desarrollar una motivaci n m s efectiva.

- Mejorar su capacidad de estar en el momento presente y valorarlo.
- Adquirir una comprensi n m s clara de la importancia de la atenci n en el entorno escolar.
- Alcanzar un mayor rendimiento acad mico y en otras actividades.

Parte II: Explorando nuevas dimensiones de la presencia

Con los cambios r pidos y constantes a los que se enfrentan los estudiantes hoy d a, es esencial que estos estudiantes aprendan a gestionar sus emociones de manera efectiva. Hacer esto les proporcionar una base s lida para afrontar los desaf os y dificultades que puedan encontrar en su camino. Mi objetivo con esta gu a es compartir mis experiencias y conocimientos acumulados a lo largo de estos a os, para ayudar a esta nueva generaci n de educadores y de individuos en crecimiento. Estoy totalmente convencida del poder del uso de las pr cticas contemplativas y en su capacidad para brindar a los estudiantes un equilibrio mental y emocional. El mbito educativo juega un papel fundamental en el desarrollo de los individuos y estudiantes. Por lo que creo firmemente en la necesidad de proporcionarles nuevas herramientas para el manejo de sus emociones. Estas herramientas les permitir n contar con un punto de anclaje al cual acudir y utilizar cuando lo necesiten.

Cap tulo 2: Fundamentos de las Pr cticas Contemplativas

Seg n Goodman (2015), las pr cticas contemplativas son un conjunto de ejercicios y t cnicas que nos permiten entrenar nuestra mente para estar m s presentes, conscientes y en armon a con nosotros mismos y nuestro entorno. Son herramientas que involucran la atenci n plena, la conciencia en el momento presente y el cultivo de cualidades humanas positivas como la calma, la compasi n y la autorregulaci n emocional. Estos recursos nos ayudan a desarrollar la capacidad de prestar atenci n de manera intencional a trav s de los pensamientos, las emociones, los movimientos corporales, los sonidos, los olores, las visualizaciones, entre otros recursos adicionales. Las pr cticas contemplativas buscan desarrollar una mayor conciencia de uno mismo y del entorno, as como promover el bienestar mental y emocional.

Algunas definiciones, ejemplos y beneficios adicionales de las pr cticas contemplativas son:

1. Seg n Jon Kabat-Zinn, un pionero en la introducci n de pr cticas contemplativas en el mbito de la salud, las pr cticas contemplativas son "formas de entrenamiento mental que involucran la atenci n plena y la conciencia en el momento presente". En el libro "Wherever You Go, There You Are: Mindfulness Meditation in Everyday Life" (Donde quiera que vayas, ah est s: Meditaci n de atenci n plena en la vida

cotidiana), Kabat-Zinn (1994) explora conceptos fundamentales de la atenci n plena y ofrece orientaci n pr ctica sobre c mo incorporar estas pr cticas en la vida diaria.

Las pr cticas contemplativas en la educaci n se enfocan en el desarrollo integral de los estudiantes, abordando no solo su aprendizaje acad mico, sino tambi n su bienestar f sico, social y emocional. Estas pr cticas reconocen la interconexi n entre todos los aspectos de la persona y buscan promover un equilibrio saludable en su desarrollo.

2. "La atenci n plena en la educaci n puede ayudar a los estudiantes a desarrollar habilidades para la autorregulaci n emocional, la atenci n

sostenida y la conciencia de s mismos y de los dem s". - Roeser, R. W., Skinner, E., Beers, J., & Jennings, P. A. (2012).

3. "Las pr cticas contemplativas, como la meditaci n y la atenci n plena, han demostrado mejorar la funci n ejecutiva y la autorregulaci n en los estudiantes, lo que se traduce en un mejor rendimiento acad mico y bienestar emocional". - Felver, J. C., Celis-de Hoyos, C. E., Tezanos, K., & Singh, N. N. (2016).

4. "La atenci n plena en el aula puede ayudar a los estudiantes a reducir el estr s, mejorar la concentraci n y la memoria, y promover un ambiente de

aula m s positivo y colaborativo". - Meiklejohn, J., Phillips, C., Freedman, M. L., Griffin, M. L., Biegel, G., Roach, A., ... & Saltzman, A. (2012).

5. "Las pr cticas contemplativas en la educaci n pueden cultivar la resiliencia emocional en los estudiantes y ayudarles a enfrentar de manera saludable los desaf os acad micos y personales". - Zenner, C., Herrnleben-Kurz, S., & Walach, H. (2014).

Cap tulo 3: Trascendiendo el Aprendizaje: Descubriendo las Pr cticas Contemplativas en el Entorno Educativo

Las pr cticas contemplativas principales que utilizaremos como parte de la preparaci n met dica estar n basadas en ejercicios dirigidos. Estos ejercicios incluir n t cnicas como la respiraci n consciente, ejercicios din micos conscientes, posturas de equilibrio con atenci n y relajaci n consciente, entre otros. Estas t cnicas las puedes incorporar como parte de la rutina diaria ma anera, como tambi n podr s utilizarlas en cualquier momento, cuando se considere necesario captar y mejorar la atenci n de los estudiantes. La integraci n de estas pr cticas contemplativas en la rutina diaria del sal n proporcionar a los estudiantes la oportunidad de desarrollar habilidades de atenci n y conciencia plena, promoviendo un ambiente propicio para el aprendizaje y el bienestar emocional. Se espera que esta metodolog a mejore la experiencia educativa de los estudiantes y tenga un impacto positivo en su desarrollo integral.

1. Breve descripci n de las pr cticas contemplativas:

- Atenci n plena en actividades diarias: Estos ejercicios se enfocan en crear conciencia en el estudiante del lugar en que se encuentra, desde que ste ingresa al entorno educativo o sal n.

- Respiraci n consciente: Estos ejercicios se enfocan en utilizar conteos programados y dirigidos mientras se inhala y exhala para regular la ansiedad o actividad del momento. Tambi n se pueden incluir posturas o manipulativos que ayuden en el conteo de las respiraciones. Algunos ejemplos son la respiraci n de la estrella, la respiraci n de la abeja, la respiraci n del le n entre otras.

- Autorregulaci n: Estos ejercicios se enfocan en que el estudiante se auto analice y reconozca los sentimientos y emociones que est n presentando en ese preciso momento. Una vez logra identificar las emociones y sentimientos puede expresar o clasificar en qu nivel escalonado se encuentran sus emociones. Puede expresar c mo se siente a trav s de manipulativos, hojas de desempe o, dibujos, palabras, etc.

- Conciencia corporal: Estos ejercicios se enfocan en reconocer el cuerpo como punto de partida para entrenar y desarrollar la atenci n, as como para conectarse con el momento presente.

- Estiramientos suaves: Estos ejercicios se enfocan en que el estudiante realice posturas que le ayuden a desarrollar el balance, la concentraci n y el control de los movimientos de su cuerpo.

- Coordinaci n motora y equilibrio: Estos ejercicios se enfocan en desarrollar la direccionalidad y el ritmo corporal al realizar posturas y movimientos dirigidos.

- Meditaci n guiada: Estos ejercicios se enfocan en aprender a escuchar las narraciones que les ayudan a dirigir los pensamientos conscientemente utilizando diferentes escenarios.

- Visualizaciones en movimiento: Estos ejercicios se enfocan en utilizar im genes o descripciones de im genes, lugares o situaciones para que el estudiante utilice su imaginaci n conscientemente, creando los escenarios presentados.

- Pausas activas: Estos ejercicios se enfocan en hacer pausas cortas en cualquier momento o cuando sea necesario y utilizar din micas dirigidas activas que requieran movilidad de alguna parte del cuerpo o del cuerpo completo.

- Pausas pasivas: Estos ejercicios se enfocan en hacer pausas cortas en cualquier momento o cuando sea necesario y utilizar din micas dirigidas para bajar la intensidad del momento o fomentar la calma, como respirar profundamente, estirar su cuerpo, entre otras.

- Uso de pomodoros para distribuir el tiempo: Esta t cnica se enfoca en organizar, dividir y distribuir el tiempo de la clase, din mica o actividad en per odos de aproximadamente (15- 20-25) minutos cada uno. Se deben establecer previamente las instrucciones precisas de lo que se realizar en cada pomodoro para que sea una actividad dirigida y no un tiempo de receso.

- Musicalizaci n: Esta t cnica se enfoca en ambientar el entorno educativo con m sica dependiendo del tipo de actividad que se est realizando en el momento. Se puede utilizar m sica instrumental, m sica con diferentes frecuencias vibracionales, canciones, etc.

- Uso de colores: Esta t cnica se enfoca en ambientar el entorno educativo utilizando los colores. Los colores pueden tener influencia en el estado de nimo de las personas y también se pueden utilizar para organizar o identificar tareas o lugares dentro del sal n.

- Kinesiolog a: Estos ejercicios se enfocan en una disciplina que se ocupa del estudio del movimiento humano y su relaci n con la salud y el bienestar. La capacidad de poder realizar unos movimientos f sicos espec ficos se utiliza para mejorar la funci n y el rendimiento del cuerpo.

- Gimnasia cerebral: Estos ejercicios se enfocan en utilizar una serie de actividades f sicas para promover el aprendizaje y el desarrollo cognitivo. Estos ejercicios est n dise ados para estimular diferentes reas del cerebro, integrando los sentidos. Se basa en la idea de que el movimiento activa el cerebro y facilita la conexi n entre el cuerpo y la mente, lo que a su vez mejora el rendimiento acad mico, la memoria y la capacidad de aprendizaje.

Parte III: Cultivando la presencia en un mundo cambiante

A lo largo de mi carrera como educadora, he aprendido que la evoluci n de cada individuo y el crecimiento personal deben comenzar desde adentro. Al permitirme a m misma embarcarme en ese proceso de transformaci n, he llegado a comprender la importancia de brindar a los estudiantes las habilidades necesarias para cuidar de su bienestar mental y emocional. Mi principal prop sito es compartir las valiosas vivencias y el conocimiento que he adquirido a lo largo de mi trayectoria, con el fin de brindar apoyo y gu a a la nueva generaci n de educadores y a aquellos individuos que se encuentran en constante desarrollo y b squeda de crecimiento personal. Estoy firmemente convencida de la efectividad de las pr cticas contemplativas para brindar a los estudiantes un equilibrio mental y emocional. Por eso, les recomiendo que las incorporen en su pr ctica educativa.

Cap tulo 4: Beneficios de las pr cticas contemplativas en el entorno educativo

Considero que mi sal n de clases ha sido un verdadero laboratorio de experimentaci n. Siempre he buscado e inventado nuevas estrategias para lograr que mis estudiantes se comporten mejor y est n lo m s atentos posible. No se equivoquen, mantener hasta 32 estudiantes de segundo grado sentados y enfocados es un desaf o considerable para cualquier maestro, y puede generar un nivel de estr s significativo. Aunque actualmente los grupos no son tan numerosos, el aumento en las situaciones sociales y emocionales de los estudiantes es cada vez m s notable y eso incide en su comportamiento, en sus niveles de ansiedad y en la falta de atenci n. Con el tiempo me di cuenta, de que muchos de mis estudiantes enfrentan situaciones similares a las que yo experiment cuando era peque a con mi falta de atenci n y mi hiperactividad en el sal n de clases. Comprend que, si no me organizaba y no buscaba las herramientas necesarias para abordar o mitigar estas dificultades con mis estudiantes, mi labor como educadora se volver a a n m s desafiante.

Al reflexionar sobre la relevancia del equilibrio entre el aspecto emocional y social de mis estudiantes, he podido apreciar los impactos positivos de las din micas que implemento en mi sal n de clases. Comprendo que es fundamental considerar y atender las necesidades emocionales de mis alumnos, as como fomentar su desarrollo social. Al proporcionar un entorno seguro y de apoyo, les brindo la oportunidad de expresar sus emociones, interactuar con sus compa eros y fortalecer sus habilidades socioemocionales. A trav s de estas pr cticas, observo c mo mis estudiantes se benefician en su bienestar general, mejorando su capacidad de aprendizaje y su relaci n con los dem s.

Por eso, te podr a mencionar algunos de los mayores beneficios que he encontrado del uso de las pr cticas contemplativas:

1. Mejora de la atenci n y concentraci n: Las pr cticas contemplativas ayudan a los estudiantes a desarrollar habilidades para enfocar su atenci n y mantenerse

concentrados en las tareas académicas.

2. Pueden reducir el estrés y la ansiedad: Estas prácticas ofrecen técnicas para gestionar el estrés y la ansiedad, permitiendo que los estudiantes se sientan más tranquilos y relajados, lo que a su vez favorece un ambiente de aprendizaje más positivo.

3. Desarrollan habilidades emocionales: Las prácticas contemplativas promueven la autorregulación emocional, permitiendo a los estudiantes reconocer, aceptar y gestionar sus emociones de manera

saludable. Esto les ayuda a manejar conflictos, a relacionarse de manera emp tica y a mejorar su bienestar emocional.

4. Mejora de la resiliencia: Al practicar la atenci n plena y el autoconocimiento, los estudiantes desarrollan una mayor capacidad para hacer frente a los desaf os y adversidades, fortaleciendo su resiliencia emocional y su capacidad de recuperaci n.

5. Fomento de la empat a y la compasi n: Las pr cticas contemplativas cultivan la conexi n con los dem s,

promoviendo la empat a y la compasi n hacia los compa eros de clase y la comunidad en general. Esto contribuye a la construcci n de relaciones positivas y al desarrollo de habilidades sociales.

6. Mejora del rendimiento acad mico: Al tener mayor atenci n, regulaci n emocional y capacidad de manejo del estr s, los estudiantes pueden experimentar una mejora en su rendimiento acad mico, ya que est n m s enfocados y receptivos al proceso de aprendizaje.

7. Mejora la conciencia corporal y la conexi n mente- cuerpo: Al estudiante tener mayor conciencia corporal, pueden tener una mejor coordinaci n motora y equilibrio para realizar tareas, que van desde la escritura hasta las posturas de concentraci n y balance y los ejercicios.

Es importante destacar que los beneficios de las pr cticas contemplativas pueden variar seg n cada estudiante y contexto educativo, pero en general, estas t cnicas ofrecen herramientas valiosas para promover el bienestar y el desarrollo integral de los estudiantes.

A continuaci n, varios autores que recomiendan el uso de las pr cticas contemplativas en el entorno educativo:

- "El mindfulness en el aula ha demostrado reducir el estr s y mejorar la atenci n, la autorregulaci n emocional y las habilidades sociales en los estudiantes" (Mendelson et al., 2010).
- "La meditaci n en el aula puede mejorar la atenci n y el rendimiento acad mico de los estudiantes" (Black et al., 2012).
- "La atenci n plena puede mejorar el rendimiento en matem ticas al aumentar la concentraci n y la resoluci n de problemas" (Schonert-Reichl et al., 2015).
- - "El uso de pr cticas contemplativas en el aula puede fomentar relaciones positivas, reducir el conflicto y mejorar el clima social" (Jennings et al., 2013).
- "La pr ctica de la atenci n plena nos ayuda a cultivar una mayor conciencia

de nuestro cuerpo y mente, permiti ndonos enfrentar el estr s, de una manera m s compasiva y efectiva". (Kabat-Zinn, J., 2013):

- "Las intervenciones basadas en la atenci n plena han demostrado promover cambios neuropl sticos positivos en el cerebro, reducir el estr s y mejorar el bienestar emocional y f sico". (Davidson, R. J., & McEwen, B. S., 2012)

- "La atenci n plena nos permite mantenernos abiertos a nuevas posibilidades, explorar diferentes perspectivas y experimentar una mayor conexi n con nosotros mismos y el mundo que nos rodea". (Langer, E., 1989).

Capítulo 5: **Creando el camino hacia un entorno educativo favorable fomentando la capacidad de los educadores**

Durante mi experiencia como practicante docente en un primer grado con 31 estudiantes, mi maestra cooperadora siempre me transmitió una clave fundamental: "mantenerlos entretenidos para que aprendan". Ella empleaba estrategias que ahora puedo identificar como "pausas activas" y el método de los "pomodoros". Dividía la clase en pequeños intervalos y, de vez en cuando, a mitad de la clase, les decía a los estudiantes: "levántense y hagamos 10 saltos en el mismo lugar". Luego, todos se sentaban y continuábamos la clase como si no hubiera habido ninguna interrupci n. Durante mi tiempo como maestra, siempre record la importancia de incorporar elementos como canciones, m sica y bailes para cambiar la din mica de las clases. Poco a poco, fui estableciendo rutinas que me funcionaban con mis grupos de estudiantes, y me di cuenta de que, si no las realizaba peri dicamente, los propios estudiantes me las solicitaban. "Maestra, ¿d nde est la canci n?" "Maestra, ¿y el baile?" "Maestra, queremos m sica", etc. Fue gratificante observar c mo estas actividades y alternativas que utilizaba ten an efectos positivos en el ambiente del sal n y en el compromiso de los estudiantes.

Con cada a o de experiencia, incorporaba nuevas t cnicas, tendencias y actividades a las din micas en el sal n. Algunos colegas me miraban con expresiones de incredulidad ante lo que llamaban "las locuras de la Maestra Mait ". Sin embargo, lleg un momento en el que me dije a m misma: "Debes organizar todo esto de manera m s estructurada", porque est claro que funciona con tus estudiantes. En ese momento, ya hab a incorporado la pr ctica del yoga en mi vida personal durante alg n tiempo, y la sensaci n de bienestar interior comenz a influir en mi visi n de c mo quer a abordar las cosas a mi alrededor. Fue esa misma sensaci n de bienestar la que me llev a reflexionar: "Si yo no estoy equilibrada emocional y mentalmente, tampoco lo estar n mis acciones". Trat de aplicar ese pensamiento a todas las reas de mi vida, especialmente en mi profesi n, ya que ser maestra de educaci n primaria supone un desaf o estresante debido a las diversas problem ticas emocionales y sociales que existen en las escuelas.

Durante los ltimos a os de mi trayectoria en estudios doctorales, sent una imperante necesidad de explorar nuevas opciones para mi crecimiento personal y profesional. Fue entonces cuando me decid a realizar una certificaci n en Neurociencia Cognitiva y Mindfulness. Desde el primer d a de esa experiencia, qued asombrada al darme cuenta de que lo que hab a estado implementando en mi sal n de clases ten a un nombre y una base cient fica s lida. A lo largo de la certificaci n, logr organizar y definir con mayor precisi n lo que llevaba tiempo practicando en mi rol como educadora: la implementaci n de diversas estrategias de programaci n mental y pr cticas contemplativas que estaban generando resultados positivos en mis estudiantes.

La integraci n frecuente o diaria de las pr cticas contemplativas como complemento a los programas educativos requiere que los educadores est n debidamente capacitados y que las pr cticas utilizadas se puedan adaptar f cilmente a la din mica de la sala de clases. Varios estudios realizados en los Estados Unidos en los ltimos a os han demostrado que la incorporaci n de estas t cnicas puede resultar beneficioso para estudiantes de diferentes niveles educativos. Los educadores pueden prepararse para utilizar las pr cticas contemplativas en el ambiente educativo de las siguientes maneras:

1. Adquiriendo capacitación: Los educadores pueden participar en programas de capacitación específicos que les brinden los conocimientos y las habilidades necesarias para implementar las prácticas contemplativas de manera efectiva en el salón.

2. Autopráctica: Es importante que los educadores experimenten las prácticas contemplativas por sí mismos para comprender su impacto y beneficios. Al cultivar su propia práctica de atención plena y conciencia, podrán transmitir mejor estos conceptos a sus estudiantes.

3. Creación de un entorno favorable: Los educadores pueden diseñar un entorno educativo que fomente la calma, la

concentraci n y la reflexi n. Esto puede incluir la creaci n de espacios tranquilos, la incorporaci n de elementos visuales relajantes y el establecimiento de rutinas regulares que incluyan momentos de pr ctica contemplativa.

4. Adaptaci n a las necesidades individuales: Cada estudiante es nico y puede responder de manera diferente a las pr cticas contemplativas. Los educadores deben estar dispuestos a adaptar las actividades y enfoques seg n las necesidades y capacidades de sus estudiantes, brindando apoyo adicional cuando sea necesario.

5. Colaboraci n y aprendizaje continuo: Los educadores pueden beneficiarse al

colaborar con otros profesionales de la educaci n que utilizan pr cticas contemplativas, intercambiando ideas, recursos y experiencias. Adem s de buscar oportunidades de desarrollo profesional y estar al tanto de las investigaciones y avances en el campo de las pr cticas contemplativas que puedan ayudar a mejorar constantemente su enfoque educativo.

La preparaci n de los educadores para utilizar las pr cticas contemplativas en el entorno educativo m s bien implica un compromiso personal de cultivar su propia pr ctica, as como adquirir los conocimientos y habilidades necesarios para brindar a sus estudiantes una experiencia enriquecedora y beneficiosa. La integraci n de la tecnolog a en el sal n puede ser una herramienta valiosa para captar el inter s de los estudiantes y promover su participaci n. Podemos utilizar recursos multimedia, plataformas interactivas y aplicaciones educativas que complementen y enriquezcan el proceso de ense anza-aprendizaje. La integraci n de la tecnolog a puede ser una herramienta valiosa para este proceso educativo si logramos promover su uso de una forma balanceada. Se pueden obtener resultados positivos al utilizar los recursos multimedia, plataformas interactivas y aplicaciones educativas que complementen y enriquezcan el proceso de ense anza-aprendizaje de los educadores. Al utilizar esta tecnolog a, podr s implementar de manera efectiva y din mica los recursos que has adquirido.

Cap tulo 6: Cambiando la narrativa: La incorporaci n de pr cticas contemplativas para un aprendizaje significativo

Un d a t pico en mi sal n de clases, puede comenzar de diversas maneras. Puede iniciar con una alegre canci n que motive a los estudiantes, o podemos dedicar un momento para que expresen c mo se sienten a trav s de un cartel de "emojis". Tambi n es posible que iniciemos con ejercicios y posturas de balance y concentraci n para ayudar a centrar la atenci n. Al principio, es importante establecer rutinas estructuradas, guiadas por el educador y que se repitan de manera consistente para que los estudiantes las interioricen. Sin embargo, la clave est en no repetir siempre lo mismo, ya que las din micas predecibles pueden hacer que los estudiantes pierdan inter s.

Para hacerlo m s divertido y din mico, una vez que todos los estudiantes hayan aprendido las rutinas, se les puede dar la oportunidad de dirigirlas ellos mismos y guiar a sus compa eros cuando sea necesario. Esto fomenta el sentido de liderazgo y autonom a, al mismo tiempo que refuerza las habilidades adquiridas. En cada clase, podemos incorporar una canci n, un baile o una din mica propia, para crear as una identidad nica para cada sesi n. Al momento de cambiar de clase, utilizamos el canto, el baile o la din mica como una forma de reprogramaci n mental, ayudando a los estudiantes a reconocer que est n entrando en una nueva etapa de aprendizaje. Adem s, adaptamos las actividades de acuerdo con las habilidades de la clase, alternando entre pausas activas y pausas pasivas, y seleccionando m sica que genere el ambiente adecuado o gu e la din mica del momento.

En mi sal n de clases, incluso el per odo de meriendas est estructurado y guiado por la m sica. Durante aproximadamente un per odo de tres semanas a un mes (seg n el grupo), utilizo las mismas canciones, bailes o ejercicios para que los estudiantes puedan asociar las melod as con la distribuci n del tiempo. Esto les brinda una sensaci n de familiaridad y les ayuda a gestionar sus expectativas y actividades diarias de manera m s efectiva. Para lograr una implementaci n exitosa, es crucial reconocer y comprender tanto el comportamiento grupal como el individual de los estudiantes para poder determinar las opciones m s adecuadas. Es fundamental respetar y valorar el estado de concentraci n y calma del grupo durante una tarea pasiva, evitando interrupciones innecesarias.

Por otro lado, cuando el grupo se encuentra excesivamente activo, es recomendable incorporar pausas pasivas, ejercicios de respiraci n y posturas de concentraci n y equilibrio para restaurar un nivel adecuado de energ a y facilitar la continuidad de la din mica de la clase. La implementaci n de estas t cnicas y herramientas resulta altamente beneficiosa y pr ctica en el entorno del sal n de clases. En el actual contexto educativo en sus diferentes niveles, especialmente en primaria y considerando las caracter sticas particulares de las nuevas generaciones de estudiantes, es evidente que estos est n acostumbrados a la b squeda instant nea de resultados y gratificaci n. Mientras que, por otro lado, encuentran m s desafiante el mantener la atenci n y seguir las instrucciones durante las tareas acad micas.

Para cualquier educador de hoy d a resulta irrealista esperar que los estudiantes se mantengan simplemente sentados, atentos, listos y contentos en un entorno educativo tradicional, mostrando una disposici n innata para aprender. La realidad es que los estudiantes de estas nuevas generaciones est n m s expuestos a un flujo constante de informaci n y est mulos, lo cual puede afectar su capacidad de concentraci n y su motivaci n hacia el aprendizaje. Es importante reconocer que cada grupo de estudiantes es nico, con diferentes intereses, niveles de atenci n y formas de aprender. Por ello, como educadores, debemos tratar de ser flexibles y adaptarnos a las necesidades individuales de nuestros alumnos, empleando estrategias que fomenten la participaci n y el compromiso con el contenido. Es fundamental establecer normas claras de comportamiento y crear una comunidad de respeto mutuo en el sal n. Esto les brinda a los estudiantes un sentido de pertenencia y seguridad, lo cual facilita su enfoque en el aprendizaje y reduce las distracciones.

La creaci n de un ambiente educativo din mico, interactivo y relevante es esencial para mantener el inter s de los estudiantes. Podemos hacer uso de t cnicas y recursos variados, como el uso de tecnolog a, actividades pr cticas, debates, juegos o aplicaciones interactivas, que ayuden a mantener su atenci n y promuevan la participaci n activa en el proceso de aprendizaje.

Parte IV: El equilibrio como la base de la conexi n interior

A medida que transcurren los a os en mi labor como educadora, he llegado a comprender la importancia de cultivar un equilibrio entre los aspectos educativos, sociales y emocionales en el entorno educativo. En este sentido, resulta fundamental desarrollar y utilizar herramientas y t cnicas que fomenten este balance, ya que desempe an un papel crucial en la exitosa implementaci n de pr cticas contemplativas en el aula. La realidad actual nos presenta nuevos desaf os que demandan adaptabilidad y consideraci n de las necesidades y caracter sticas particulares de esta nueva generaci n de estudiantes. Debemos estar dispuestos a fomentar su participaci n activa y crear un entorno educativo que les proporcione las herramientas necesarias para afrontar los retos del siglo XXI. Al hacerlo, estaremos prepar ndolos para desenvolverse en un mundo en constante cambio, al tiempo que promovemos su desarrollo integral como individuos.

En esta traves a educativa, es esencial reconocer que el equilibrio act a como la base de la conexi n interior. Al brindarles a los estudiantes la oportunidad de desarrollar una conexi n profunda consigo mismos y con su entorno, les proporcionamos las bases s lidas para el crecimiento personal y el florecimiento de sus potenciales. As , les capacitamos para enfrentar los desaf os acad micos, sociales y emocionales con confianza y resiliencia. En otras palabras, al promover un equilibrio entre los aspectos educativos, sociales y emocionales, y al utilizar pr cticas contemplativas como herramientas para cultivar esta conexi n interior, estamos sentando las bases para un enfoque educativo en sinton a con las necesidades actuales. Este enfoque no solo beneficiar a nuestros estudiantes, sino que también contribuir a la creación de una sociedad más armoniosa y consciente.

Capítulo 7: La mente en movimiento: Explorando las conexiones entre la neurociencia, la neuroeducación y las prácticas contemplativas

Detrás de las prácticas contemplativas y su aplicación en la educación, se encuentran diversas disciplinas científicas que respaldan su efectividad y beneficios. Algunas de las ciencias relevantes incluyen:

- Neurociencia: Estudia la estructura y función del sistema nervioso, incluyendo cómo las prácticas contemplativas pueden impactar el cerebro, la plasticidad neuronal, la atención y la regulación emocional.

- Psicología: Explora los procesos mentales, las emociones y el comportamiento humano, investigando cómo las prácticas contemplativas pueden influir en la salud mental, el bienestar, la autorregulación emocional y la reducción del estrés.

- Educación: Se enfoca en el estudio de los procesos de enseñanza y aprendizaje, examinando cómo las prácticas contemplativas pueden mejorar la atención, la concentración, el rendimiento académico y el clima escolar.

- Medicina: Investigaciones en medicina y salud exploran los efectos de las pr cticas contemplativas en la salud f sica, incluyendo la reducci n de la presi n arterial, el fortalecimiento del sistema inmunol gico y la promoci n del bienestar general, entre otras.

- Ciencias del comportamiento: Se ocupan del estudio cient fico del comportamiento humano, investigando c mo las pr cticas contemplativas pueden influir en la conducta, las habilidades socioemocionales y la autorregulaci n de los individuos.

- Ciencias cognitivas: Examinan los procesos mentales relacionados con el conocimiento, la percepci n, la memoria y la toma de decisiones, explorando c mo las pr cticas contemplativas pueden mejorar la atenci n plena, la concentraci n y la flexibilidad cognitiva.

Estas disciplinas cient ficas respaldan la efectividad de las pr cticas contemplativas y brindan evidencia emp rica sobre sus beneficios en diversos aspectos del bienestar y el rendimiento humano. Seg n algunos hallazgos de la neurociencia cognitiva, el desarrollo y madurez del cerebro de un individuo tienden a completarse entre los 25 y 30 a os. Esto implica que, durante gran parte del periodo acad mico de un estudiante, su cerebro a n no ha alcanzado su m ximo potencial de crecimiento y desarrollo. Adem s, la neurociencia cognitiva ha demostrado que el cerebro humano es altamente maleable y tiene la capacidad de cambiar y adaptarse a lo largo de toda la vida. Esto significa que, incluso m s all de la etapa de desarrollo temprano, los estudiantes tienen la capacidad de continuar desarrollando y fortaleciendo sus habilidades cognitivas, emocionales y sociales.

Al comprender esta plasticidad cerebral, los educadores pueden aprovechar las pr cticas contemplativas como una herramienta poderosa para promover un mayor desarrollo cerebral y optimizar el proceso de aprendizaje de los estudiantes. Las pr cticas contemplativas, como la atenci n plena y la meditaci n, han demostrado estimular reas clave del cerebro asociadas con la concentraci n, la autorregulaci n emocional, la toma de decisiones y la empat a. Esto incluye el fortalecimiento de habilidades cognitivas como la atenci n sostenida, la memoria y la resoluci n de problemas, la reducci n del estr s y el cultivo de relaciones saludables entre los estudiantes. Al incorporar estas pr cticas en el entorno educativo, los educadores pueden fomentar un ambiente propicio para el crecimiento y desarrollo integral de los estudiantes.

La neuroplasticidad y la neuroeducaci n son dos conceptos interrelacionados que se centran en el estudio de c mo el cerebro se adapta y cambia en respuesta a la experiencia y el aprendizaje. Aqu tienes informaci n adicional sobre estos temas:

1. La neuroplasticidad se refiere a la capacidad del cerebro para cambiar su estructura y funci n en respuesta a la experiencia. A trav s de procesos como la sinaptog nesis (formaci n de nuevas conexiones sin pticas) y la neurog nesis

(generaci n de nuevas neuronas), el cerebro puede adaptarse y reorganizarse a lo largo de la vida (Draganski et al., 2004).

2. La neuroeducaci n es un campo interdisciplinario que combina la neurociencia y la educaci n para comprender c mo el cerebro aprende y c mo se pueden aplicar estos conocimientos en el entorno educativo. La neuroeducaci n busca utilizar la evidencia cient fica sobre el funcionamiento cerebral para informar las pr cticas pedag gicas y mejorar el proceso de ense anza-aprendizaje (Fischer et al., 2007).

3. Los estudios en neuroplasticidad han demostrado que el cerebro es maleable y puede cambiar incluso en etapas avanzadas de la vida. El aprendizaje continuo, la exposici n a nuevas experiencias y el enfoque en pr cticas educativas que fomenten la participaci n activa y la relevancia personal pueden promover la plasticidad cerebral y optimizar el aprendizaje (H bner & Kunina-Habenicht, 2019).

4. La neuroeducaci n busca utilizar estrategias basadas en la comprensi n del cerebro para mejorar el proceso de ense anza y maximizar el rendimiento acad mico. Al incorporar m todos educativos que estimulan la atenci n, la motivaci n y la memoria, se puede

promover un aprendizaje m s efectivo y duradero (Howard-Jones, 2010).

Cap tulo 8: **El poder de la conciencia corporal en el aprendizaje**

Una de las reas del cerebro que m s se ha estudiado en relaci n con las pr cticas contemplativas es la corteza prefrontal, esta desempe a un papel crucial en las funciones ejecutivas, en la atenci n, la autorregulaci n emocional y la toma de decisiones. Las pr cticas contemplativas tambi n se han relacionado con cambios positivos en varios sistemas del cuerpo. El uso cuidadoso y consciente de estas pr cticas ha demostrado su capacidad para interactuar positivamente con los diversos sistemas del cuerpo humano. La implementaci n sistem tica de las pr cticas contemplativas sugiere que pueden ser beneficiosas y est n estrechamente relacionadas con los diferentes sistemas del cuerpo. Si nos enfocamos en la conciencia corporal y la conexi n mente-cuerpo, estas pr cticas pueden influir en la salud f sica y mental de los estudiantes. Para ello, vamos a explorar los beneficios de dos sistemas fundamentales para el proceso de aprendizaje: el sistema propioceptivo y el sistema vestibular.

El sistema propioceptivo desempe a un papel fundamental en el aprendizaje al mejorar la concentraci n, estimular la sensorialidad, promover el desarrollo motor, regular las emociones, aumentar la conciencia corporal y mejorar el equilibrio y la coordinaci n. Este sistema es el conjunto de receptores sensoriales y mecanismos neuromusculares que nos proporcionan informaci n sobre la posici n, el movimiento y la orientaci n de nuestro cuerpo en el espacio. Est compuesto por receptores ubicados en los m sculos, tendones, articulaciones y tejidos conectivos, y es responsable de brindarnos una sensaci n de conciencia corporal, equilibrio y coordinaci n motora. Este sistema nos permite realizar movimientos precisos, ajustar la postura y mantener la estabilidad durante actividades f sicas y tareas diarias (Van der Kolk, B. A., 2015).

El sistema propioceptivo desempe a un papel crucial en el aprendizaje al proporcionar una serie de beneficios. Algunos de ellos son:

- Mejora de la concentraci n: El sistema propioceptivo ayuda a mantener la atenci n y la concentraci n durante las actividades de aprendizaje, al proporcionar informaci n precisa sobre la posici n y el movimiento del cuerpo.

- Estimulaci n sensorial: La estimulaci n sensorial a trav s del sistema propioceptivo activa m ltiples v as neurales, lo que favorece la atenci n y la receptividad sensorial, mejorando as la capacidad de procesar y retener la informaci n.

- Desarrollo motor: El sistema propioceptivo est estrechamente relacionado con el control y la coordinaci n motora. Un sistema propioceptivo bien desarrollado contribuye a un mejor control de los movimientos finos y gruesos, lo que facilita el desarrollo de habilidades motoras necesarias en el proceso de aprendizaje.

- Regulaci n emocional: El sistema propioceptivo tiene una influencia directa en la regulaci n emocional. Una buena integraci n sensorial y propioceptiva ayuda a gestionar el estr s, reducir la ansiedad y promover un estado de calma propicio para el aprendizaje.

- Conciencia corporal: El sistema propioceptivo nos proporciona una conciencia precisa de nuestro cuerpo y sus movimientos. Esto permite a los estudiantes tomar conciencia de su postura, gestos y expresiones corporales, lo que puede ser til para mejorar la comunicaci n no verbal y la expresi n emocional.

- Mejora del equilibrio y la coordinaci n: Un sistema propioceptivo eficiente contribuye a un mejor equilibrio y coordinaci n, lo que facilita la participaci n en actividades f sicas y el desarrollo de habilidades motrices necesarias para el aprendizaje de tareas espec ficas.

El otro sistema que desempe a un papel importante en el desempe o del cerebro y su capacidad educativa es el sistema vestibular. Este sistema desempe a un papel fundamental en el mantenimiento del equilibrio y la estabilidad postural. Es parte del sistema sensorial del cuerpo humano y se encuentra en el o do interno.

Est compuesto por estructuras y canales, que son responsables de detectar los cambios de movimiento, la orientaci n espacial y la posici n de la cabeza. Esto posibilita que se detecte la aceleraci n lineal y rotacional del cuerpo, permitiendo que el cerebro perciba y se adapte a los cambios en la posici n y el movimiento. Cuando el cuerpo se mueve, los canales semicirculares detectan los cambios en la direcci n y velocidad del movimiento, mientras que los otolitos detectan la gravedad y la inclinaci n de la cabeza. Estos receptores sensoriales env an se ales al cerebro, proporcionando informaci n crucial sobre la posici n y los movimientos del cuerpo en relaci n con el entorno.

Un sistema vestibular saludable y bien integrado es crucial para el equilibrio, la coordinaci n motora, la estabilidad postural y el procesamiento cognitivo. Su correcto funcionamiento es esencial para el desarrollo motor, el aprendizaje y la interacci n con el entorno (Iwasaki, S., & Yamasoba, T., 2015). Reconocer la importancia del sistema vestibular en el aprendizaje de los estudiantes implica dise ar entornos educativos que fomenten la estimulaci n adecuada de este sistema. Actividades que implican movimientos corporales, como el juego activo, la danza, el yoga o los ejercicios de equilibrio, pueden ayudar a desarrollar y fortalecer el sistema vestibular, lo que a su vez mejora la atenci n, la coordinaci n y el rendimiento acad mico de los estudiantes.

El sistema vestibular est estrechamente vinculado a otras reas del cerebro, como el sistema visual y el sistema propioceptivo, que brindan informaci n adicional sobre el entorno y la posici n del cuerpo en relaci n con l. Estas conexiones sin rgicas permiten una integraci n sensorial eficiente y un procesamiento cognitivo ptimo. Cuando el sistema vestibular funciona correctamente, proporciona informaci n vital al cerebro sobre la posici n y el movimiento del cuerpo, lo que permite al estudiante mantener el equilibrio y realizar movimientos coordinados. Esta informaci n sensorial contribuye directamente a la adquisici n de habilidades motoras finas y gruesas, as como al desarrollo de la atenci n y la concentraci n.

Estos beneficios pueden tener implicaciones en el aprendizaje, en la regulaci n emocional y en la atenci n en el entorno educativo. A continuaci n, se presentan algunas conexiones entre estas pr cticas y los sistemas mencionados:

1. Sistema vestibular: Es el responsable del equilibrio y la percepci n espacial y puede verse beneficiado por las pr cticas contemplativas. Durante la meditaci n y otras t cnicas de atenci n plena, se enfatiza la conciencia corporal y se presta atenci n a las sensaciones f sicas, incluyendo las relacionadas con el equilibrio y la posici n del cuerpo. Esto puede contribuir a una mayor estabilidad y mejora del sistema vestibular.

2. Sistema propioceptivo: Las pr cticas contemplativas tambi n pueden fortalecer y potenciar el sistema propioceptivo. La atenci n plena, por ejemplo, implica dirigir la atenci n hacia las sensaciones corporales y la

conciencia del cuerpo en el momento presente. Al desarrollar una mayor conexi n con las sensaciones internas y los movimientos del cuerpo, se puede mejorar la percepci n propioceptiva y la conciencia de la postura, el equilibrio y los movimientos corporales.

3. Integraci n sensorial: Las pr cticas contemplativas pueden fomentar la integraci n sensorial, que es la capacidad del cerebro para procesar y combinar eficientemente la informaci n sensorial proveniente de diferentes sistemas, incluyendo el vestibular y propioceptivo. Al practicar la atenci n plena, se busca ser consciente de las sensaciones corporales, las se ales del entorno y los pensamientos y emociones

presentes. Esta integraci n sensorial fortalecida puede tener un impacto positivo en el aprendizaje, la autorregulaci n emocional y la atenci n.

Parte V: La armon a en los sentidos internos

Una vez que reconocemos que la falta de estimulaci n motora puede limitar el potencial de aprendizaje de los estudiantes, es fundamental romper con esta din mica y buscar formas de integrar el movimiento y el desarrollo de habilidades motoras en los entornos educativos. De esta manera, se fomentar un aprendizaje m s completo y enriquecedor, que aproveche el potencial de cada estudiante y promueva un equilibrio saludable entre la inmediatez de la tecnolog a y la necesidad de cultivar una atenci n plena.

Cap tulo 9: **Sintonizando interiormente con la experiencia**

Yo digo que mi sal n es "una zona zen". Es un espacio dise ado y creado con la intenci n de promover la calma, la serenidad y la atenci n plena dentro del entorno educativo. En esta zona, se busca generar un ambiente propicio para el bienestar emocional y mental de los estudiantes, donde puedan encontrar un refugio tranquilo para desconectar del estr s diario y cultivar su mente presente. Al utilizar el t rmino "zona zen", hago referencia a la influencia de la filosof a y pr cticas contemplativas orientales que se centran en el equilibrio, la armon a y la conexi n con el momento presente. El sal n como zona zen busca incorporar elementos y recursos que favorezcan la relajaci n, la concentraci n y el autocuidado, brindando a los estudiantes un espacio donde puedan encontrar un estado de paz interior y desarrollar habilidades para gestionar sus emociones y regular su atenci n.

En esta zona, se pueden incluir elementos como colores suaves y c lidos, iluminaci n tenue, plantas, materiales naturales, cojines c modos y espacios agradables para la pr ctica de la meditaci n, la respiraci n consciente o la realizaci n de pausas pasivas. Asimismo, se pueden exhibir mensajes inspiradores, im genes relajantes o sonidos suaves de la naturaleza para crear una atm sfera propicia para el relajamiento y la introspecci n. Es importante resaltar que el sal n como zona zen no solo se limita a la est tica y la ambientaci n, sino que tambi n implica la promoci n de pr cticas contemplativas y el fomento de una cultura de mindfulness en el entorno educativo. Aunque mi sal n de clases no es muy amplio, me esfuerzo por optimizar al m ximo el espacio disponible, delimitando y se alando claramente cada rea.

En espacio disponible se pueden ofrecer actividades y recursos que ense en a los estudiantes las diferentes t cnicas de relajaci n, manejo del estr s y atenci n plena, para que puedan integrar estas habilidades en su vida diaria. El concepto de "sal n como zona zen" implica la creaci n de un espacio f sico y emocionalmente acogedor, donde los estudiantes puedan experimentar momentos de calma y autorregulaci n. Es un lugar que invita a la conexi n con el presente, cultivando as un ambiente propicio para el aprendizaje, la concentraci n y el bienestar integral de los estudiantes.

Cap tulo 10: Ejemplos de actividades que realizo en mi entorno educativo

Pr cticas contemplativas que promueven la flexibilidad cognitiva:

I. El cuerpo m gico o escaneo corporal:

El escaneo corporal es una pr ctica en la que se presta atenci n a las sensaciones f sicas en diferentes partes del cuerpo, fomentando la conciencia corporal y la relajaci n. Puedes proporcionar instrucciones detalladas para realizar un escaneo corporal guiado. Puedes comenzar a hacer el escaneo de la cabeza a los pies, de los pies a la cabeza, de los lados hacia el centro del cuerpo o viceversa.

El ejercicio del "Cuerpo M gico" se ha dise ado espec ficamente para fomentar el bienestar general y puede adaptarse f cilmente a los estudiantes de grados primarios. Este ejercicio se enfoca en el cuerpo como punto de partida para entrenar y desarrollar la atenci n, as como para conectarse con el momento presente. Adem s, tiene beneficios adicionales, como favorecer el equilibrio motriz, mejorar la coordinaci n, estimular el flujo de energ a, activar la atenci n mental, promover la capacidad de concentraci n, entrenar la percepci n consciente y fomentar la armon a en la percepci n de la individualidad y la presencia de uno mismo.

 El ejercicio se puede realizar tanto de pie como sentado. Siguiendo las instrucciones orales y la demostraci n de la educadora, utilizaremos la respiraci n guiada como base (inhalando y exhalando con conteos) mientras llevamos m gicamente la atenci n a diferentes partes del cuerpo. Durante el ejercicio, se utilizar n frases cortas de refuerzo positivo y agradecimiento por el funcionamiento de cada una de las partes del cuerpo. En caso de que haya estudiantes con necesidades especiales, se realizar n las adaptaciones necesarias para asegurar su participaci n plena y c moda en el ejercicio. Al practicar regularmente el "Cuerpo M gico", los estudiantes podr n desarrollar una mayor flexibilidad cognitiva, fortalecer su conexi n mente-cuerpo y mejorar su capacidad para estar presentes en el momento. Esta pr ctica contemplativa contribuir a su bienestar emocional y promover un ambiente de aprendizaje positivo y centrado.

II. Ejercicios din micos conscientes

Los ejercicios din micos conscientes requieren de una atenci n especial por parte de los estudiantes para que puedan reconocer y utilizar adecuadamente las diferentes partes del cuerpo. Es importante explicar a los estudiantes la importancia de evitar distracciones y mantenerse concentrados para realizar correctamente los movimientos, seguir las instrucciones y evitar lastimarse por hacer las posturas incorrectamente. Dependiendo del contexto y la din mica de la clase, estos ejercicios pueden realizarse de diferentes formas: sentados en el suelo, sentados en sus pupitres o de pie. Adem s, se pueden incorporar canciones que gu en a los estudiantes a seguir las instrucciones al ritmo de la m sica o que incluyan cambios significativos en la velocidad de los movimientos. Como por ejemplo tocar instrumentos imaginarios, correr o caminar en el mismo lugar, jugar que se quedan congelados en una posici n y no pueden moverse hasta que cambie o comience la m sica, etc.

Es importante tener en cuenta que, en caso de haber estudiantes con necesidades especiales, se realizar n las adaptaciones necesarias para asegurar su participaci n plena y c moda en los ejercicios. Al practicar los ejercicios din micos conscientes con atenci n y regularidad, los estudiantes desarrollar n una mayor conciencia corporal, fortalecer n su conexi n mente-cuerpo y mejorar n su capacidad para mantenerse enfocados y seguir instrucciones. Estos ejercicios contribuir n a la concentraci n y al bienestar general de los estudiantes, creando un ambiente propicio para el aprendizaje y el desarrollo integral.

III. Posturas de balance y equilibrio

Las posturas de balance y equilibrio no solo benefician al cuerpo, sino que tambi n pueden intensificar la concentraci n, estabilizar la mente y desarrollar el sentido del equilibrio. Es importante que el educador tenga la capacidad de demostrar las posturas de manera lenta, explicando detalladamente c mo realizarlas y manteniendo cada posici n durante varios segundos para que los estudiantes tengan la oportunidad de sentir su cuerpo. Durante la práctica, se recomienda mantener una respiración tranquila. Es importante adaptar las posturas al espacio disponible en el aula. Además, se pueden asignar nombres de animales u objetos a algunas de las posturas, lo cual ayuda a que los estudiantes enfoquen su concentración en su propio cuerpo.

Las posturas de balance y equilibrio ofrecen una serie de beneficios, tales como perfeccionar la psicomotricidad, inducir la relajación, mejorar la circulación sanguínea en diferentes partes del cuerpo, estimular la concentración mental y la presencia en el momento presente, aumentar la elasticidad y favorecer la coordinación mente-cuerpo, entre otros. Estas posturas de balance se pueden hacer de pie o sentados en el pupitre de ser posible. Se le puede dar nombre de animales, plantas u objetos a las posturas para que los estudiantes las identifiquen con facilidad. Es importante destacar que, en caso de haber estudiantes con necesidades especiales, se realizar n las adaptaciones necesarias para que puedan participar plenamente en las posturas. La pr ctica regular de estas posturas promover el equilibrio f sico y mental de los estudiantes, contribuyendo a su bienestar general y a un ambiente propicio para el aprendizaje.

Al realizar las posturas de balance y equilibrio, los estudiantes desarrollar n mayor conciencia corporal, fortaleza y enfoque, lo cual les ser beneficioso tanto en el mbito acad mico como en su vida diaria.

IV. Relajaci n consciente: visualizaciones y la bola m gica

Este ejercicio, basado en la respiraci n consciente, se puede realizar de forma voluntaria siguiendo y adaptando algunas reglas. Su objetivo es que los estudiantes puedan expresar sus sentimientos y deseos amigables hacia otras personas. Puede llevarse a cabo tanto sentados en el piso, en los pupitres o de pie. Comenzamos respirando lentamente, inhalando y exhalando contando los tiempos de respiraci n. Podemos levantar los brazos al lado del cuerpo con cada respiraci n y, al sentir la relajaci n consciente, soltamos la musculatura del cuerpo adoptando una postura c moda, ya sea sentados o de pie. Para llevar a cabo este ejercicio, puede ser necesario haber practicado disciplinas de pr cticas contemplativas durante varias semanas, ya que se requiere cierto nivel de disciplina y enfoque.

Una vez que el estudiante se encuentra en el momento presente y relajado, se le invita a expresar un deseo amable hacia otro estudiante, hacia alguien espec fico que conoce o hacia todo el mundo, mientras gesticula con las manos como si estuviera colocando ese deseo dentro de una "bola m gica". Con cada deseo expresado, la bola m gica se hace m s grande y pesada. Dentro de las modificaciones que se pueden realizar con esta din mica, cada estudiante puede tener su propia "bola m gica" o pueden usar una sola "bola m gica" para todos y simular que la van pasando de estudiante a estudiante. Luego, contamos hasta tres y simulamos lanzar la bola al aire, dici ndole adi s con la mano. Imaginamos que la bola lleva los deseos a todas las personas elegidas o a todos los habitantes del planeta.

V. Respiraci n consciente

La respiraci n consciente se considera una t cnica efectiva para la autorregulaci n emocional, ya que, al dirigir la atenci n a la respiraci n, se crea un espacio para observar las emociones y regularlas de manera consciente. Al practicar la respiraci n consciente de manera habitual, los individuos pueden fortalecer su capacidad de autorregulaci n emocional y promover un mayor bienestar mental. Estas respiraciones se pueden comenzar con conteos en ciclos de varios segundos: (4 segundos para inhalar), (2 segundos para aguantar la respiraci n) y (6 segundos para exhalar lentamente). Una vez dominada la din mica de la respiraci n, los conteos y ciclos pueden ir aumentando progresivamente. Algunos ejemplos para hacer la respiraci n consciente m s amena pueden ser: la respiraci n de la estrella, la respiraci n de la abeja, la respiraci n del le n, inhalar y al exhalar hacer una mueca o utilizar alg n manipulativo para contar los ciclos de la respiraci n.

VI. Meditaci n:

La meditaci n es una pr ctica contemplativa ampliamente utilizada para cultivar la atenci n plena, la calma mental y la claridad. Puedes explorar diferentes tipos de meditaci n, como la meditaci n sentada, la meditaci n guiada con narraci n, la meditaci n caminando o la meditaci n con visualizaci n.

VII. Posiciones de yoga utilizando una silla o pupitre:

El yoga combina posturas f sicas, respiraci n consciente y meditaci n para promover la conexi n mente-cuerpo, la flexibilidad y el equilibrio emocional. Puedes incluir descripciones de posturas de yoga utilizando el pupitre o sillas como base para hacerlas y gu as para practicar secuencias simples.

VIII: Visualizaci n creativa:

La visualizaci n creativa implica imaginar im genes mentales positivas y v vidas para estimular la relajaci n, la concentraci n y la visualizaci n de metas. Puedes incluir ejercicios de visualizaci n en los que los lectores imaginen lugares tranquilos o se visualicen alcanzando sus objetivos.

IX. Pr cticas de gratitud:

Las pr cticas de gratitud involucran cultivar una actitud de aprecio y reconocimiento por las cosas positivas de la vida. Puedes incluir ejercicios en los que los lectores anoten diariamente tres cosas por las que est n agradecidos o realicen actos de amabilidad hacia los dem s.

X. Ejercicios de relajaci n progresiva:

La relajaci n progresiva es una t cnica que implica tensar y relajar conscientemente diferentes grupos musculares para liberar la tensi n y promover la relajaci n profunda. Algunos ejemplos de c mo hacer estos ejercicios est n la T cnica Koeppen, el "tapping", automasajes en la cabeza, cara, orejas o extremidades del cuerpo. Puedes proporcionar instrucciones paso a paso o presentar videos para llevar a cabo una relajaci n progresiva.

Recuerda adaptar y personalizar estas pr cticas contemplativas seg n las necesidades y caracter sticas de tus estudiantes de una forma objetiva. Tambi n es recomendable brindar instrucciones claras y sugerir la frecuencia y duraci n recomendada para cada pr ctica.

XII. Pausas activas

Las pausas activas son momentos cortos de descanso en el tiempo lectivo en los que se realizan actividades f sicas o ejercicios de estiramiento, dise ados para romper la monoton a de una tarea o actividad prolongada y reactivar el cuerpo y la mente.

1. Beneficios de las pausas activas:

- Mejoran la circulaci n sangu nea y la oxigenaci n del cuerpo.
- Reducen la fatiga muscular relacionada con tener mala postura, mantener una misma postura por mucho tiempo o realizar una actividad repetitiva.
- Ayudan a mantener un nivel ptimo de energ a y atenci n.
- Favorecen la concentraci n y reducen el estr s.
- Mejoran el rendimiento cognitivo y la productividad.
- Contribuyen a mejorar la salud general y el bienestar.

2. Ejemplos de actividades para las pausas activas:

- Estiramientos: Realizar estiramientos suaves de los m sculos principales, como el cuello, los hombros, los brazos, la espalda, las piernas y los tobillos.
- Ejercicios de respiraci n: Practicar t cnicas de respiraci n profunda y consciente para relajar el cuerpo y calmar la mente.
- Movimientos de bajo impacto: Realizar actividades como caminar, dar peque os paseos, marchar o dar peque os saltos en el mismo lugar.
- Actividades de estiramiento y fortalecimiento: Incluir

ejercicios simples de fortalecimiento muscular o de flexibilidad, como flexiones de brazos, sentadillas, estiramientos de piernas, etc.

- Juegos de movimiento: Realizar juegos o actividades l dicas que involucren movimientos corporales, como bailar, saltar a la cuerda o jugar a lanzar y atrapar objetos.

3. Recomendaciones para las pausas activas:

- Realizar pausas activas cuando sea necesario entre per odos prolongados de actividad lectiva.
- Aprovechar las pausas para alejarse del pupitre o del rea de

trabajo y moverse en un entorno diferente.

- Adaptar las actividades a las capacidades y restricciones físicas de cada persona.
- Promover un ambiente de trabajo o estudio que fomente la participación de todos en las pausas activas.
- Recordar que las pausas activas no deben interferir con las responsabilidades laborales o académicas, sino que estén diseñadas para mejorar el rendimiento y el bienestar.

XIII. Pausas pasivas

Las pausas pasivas son momentos de descanso en los que se busca desconectar y relajarse completamente, sin la necesidad de realizar ninguna actividad f sica o mental activa. A diferencia de las pausas activas, en las que se promueve el movimiento y la actividad f sica, las pausas pasivas se centran en la relajaci n y el descanso. Durante estas pausas, se busca relajar la mente y el cuerpo para recuperar energ as y reducir el estr s. Las pausas pasivas son una estrategia sencilla pero efectiva para mantener un equilibrio entre el trabajo o estudio y la salud f sica y mental. Al implementar estas pausas en la rutina diaria, se puede lograr un mayor bienestar y rendimiento en las actividades diarias.

1.   Beneficios de las pausas pasivas:

- Reducci n del estr s y la ansiedad: Las pausas pasivas brindan un tiempo de relajaci n que ayuda a reducir los niveles de estr s y ansiedad acumulados durante la jornada.
- Recuperaci n de energ a: Al tomar un descanso pasivo, se permite que el cuerpo y la mente se recuperen, lo que ayuda a mantener un nivel ptimo de energ a y concentraci n.
- Mejora del bienestar emocional: Las pausas pasivas proporcionan un espacio para cuidar el bienestar emocional, permitiendo procesar

emociones y restablecer el equilibrio emocional.

- Estimulaci n de la creatividad: Descansar la mente de actividades exigentes estimula la creatividad y la generaci n de ideas frescas.
- Mejora del rendimiento: Tomar pausas pasivas adecuadas puede aumentar el rendimiento y la productividad a largo plazo.

2. Ejemplos de actividades para las pausas pasivas:

- Meditaci n: Realizar ejercicios de meditaci n para calmar la mente y centrarse en el momento presente.

- Respiración consciente: Practicar técnicas de respiración profunda y consciente para relajar el cuerpo y promover la calma.
- Escuchar música relajante: Disfrutar de música suave y relajante para crear un ambiente tranquilo y propicio para el descanso.
- Visualización guiada: Utilizar audios o recursos visuales para imaginar entornos pacíficos y relajantes.
- Paseo breve: Salir al aire libre y conectar con la naturaleza para disfrutar de un entorno relajante.

3. Recomendaciones para las pausas pasivas:

- Establecer un tiempo espec fico para las pausas pasivas, con instrucciones claras de lo que est permitido hacer en la rutina diaria.

- Buscar un entorno tranquilo y libre de distracciones para disfrutar del descanso.

- Apagar dispositivos electr nicos o silenciar notificaciones para desconectar completamente.

- Escoger actividades que te permitan relajarte y descansar seg n tus preferencias y necesidades individuales.

- Experimentar con diferentes t cnicas de relajaci n y encontrar las que te brinden mayor bienestar.

Las pausas pasivas son fundamentales para equilibrar la actividad y el descanso en la vida diaria. Al incorporar estas pausas en la rutina, se promueve el bienestar, se reduce el estr s y se mejora la calidad de vida en general.

XIV. Uso de "pomodoros"

Los llamados pomodoros son una t cnica de gesti n del tiempo que se utiliza para mejorar la productividad y la concentraci n. Esta t cnica se basa en dividir el tiempo de trabajo en intervalos cortos, llamados pomodoros, seguidos de pausas regulares. Fue desarrollada por Francesco Cirillo a finales de la d cada de 1980. La t cnica del pomodoro se llama as porque Cirillo utiliz un temporizador de cocina en forma de tomate (pomodoro en italiano) para medir los intervalos de tiempo. Aqu te explico c mo funciona:

1. Establece una tarea: Elige una tarea espec fica en la que quieras concentrarte y completar.

2. Configura el temporizador: Establece el temporizador en la cantidad de minutos, que ser tu pomodoro (15-20 o 25 minutos). Durante esos minutos, te enfocar s nicamente en la tarea seleccionada.

3. Trabaja sin interrupciones: Durante el pomodoro, trabaja en la tarea elegida de manera concentrada y sin distracciones. Evita cambiar las instrucciones o que se

realicen otras actividades que no est n relacionadas con la tarea.

4. Toma una pausa corta: Una vez que suene el temporizador, toma una pausa corta de aproximadamente cinco minutos. Utiliza este tiempo para relajarte, estirarte o hacer algo diferente que no requiera mucha energ a mental.

5. Repite el ciclo: Despu s de la pausa corta, configura nuevamente el temporizador en los minutos acordados y regresa a la tarea. Cada ciclo de minutos de trabajo seguido de una pausa corta se considera un pomodoro.

6. Descansa despu s de varios pomodoros: Despu s de completar cuatro pomodoros, toma una pausa m s

larga de 15 a 30 minutos. Esta pausa te permite recargar energ as antes de continuar con el siguiente conjunto de pomodoros.

La t cnica del pomodoro se basa en la premisa de que dividir el tiempo en intervalos cortos y enfocados ayuda a mantener la concentraci n y evitar la fatiga mental. Adem s, las pausas regulares permiten descansar y recargar energ as, lo que contribuye a una mayor productividad. Es importante ajustar la duraci n de los pomodoros y las pausas seg n tus necesidades y preferencias individuales. Algunas personas pueden encontrar que 25 minutos de trabajo son demasiado cortos o largos, por lo que pueden adaptar los intervalos de tiempo de acuerdo con la capacidad de concentraci n, las necesidades del grupo, del entorno donde se encuentren o del ritmo individual de trabajo.

La t cnica del pomodoro puede ser til para gestionar el tiempo, mantener el enfoque y evitar la procrastinaci n. Sin embargo, es importante recordar que cada persona tiene su propia forma de trabajar y que lo m s importante es encontrar un m todo que funcione mejor para ti y se ajuste a tus necesidades.

XV. El uso de la m sica

En combinaci n con las pr cticas contemplativas, la m sica puede potenciar y enriquecer la experiencia de los estudiantes. La m sica tiene el poder de evocar emociones, crear ambientes propicios para la relajaci n y estimular la concentraci n y la creatividad. Al integrar la m sica en las pr cticas contemplativas, se pueden obtener diversos beneficios. Por ejemplo, se pueden seleccionar melod as suaves y relajantes para acompa ar las sesiones de meditaci n o respiraci n consciente, ayudando a los estudiantes a adentrarse en un estado de calma y tranquilidad. La m sica tambi n puede servir como un recordatorio para mantener la atenci n plena en el momento presente, utiliz ndose como un punto de enfoque durante la pr ctica.

Adem s, la m sica puede ser utilizada para guiar y estructurar diferentes ejercicios contemplativos. Por ejemplo, se pueden utilizar ritmos o melod as espec ficas para marcar el ritmo de la respiraci n o el movimiento corporal consciente. Esto ayuda a sincronizar el cuerpo y la mente, fomentando una mayor conexi n y conciencia corporal.

Es importante destacar que la elecci n de la m sica debe ser adecuada y acorde al prop sito de la pr ctica contemplativa. Se pueden utilizar g neros musicales que promuevan la relajaci n, como la m sica cl sica, el ambiente, el jazz suave o la m sica instrumental. Sin embargo, es importante considerar las preferencias y sensibilidades individuales de los estudiantes, asegur ndose de que la m sica seleccionada sea agradable y no cause distracciones o malestar. Estas t cnicas complementarias ayudan a crear un ambiente propicio para la relajaci n, la introspecci n y la conexi n interna.

En resumen, el uso de la m sica en conjunto con las pr cticas contemplativas puede potenciar los beneficios y la experiencia de los estudiantes. La m sica adecuada puede servir como un apoyo para la relajaci n, la concentraci n y la conexi n mente-cuerpo. Al integrar diferentes elementos y t cnicas, se crea un entorno enriquecedor que promueve el bienestar emocional y mental de los estudiantes, permiti ndoles explorar y cultivar su mente presente en el proceso de aprendizaje.

XVI: Uso del color en tus pr cticas contemplativas

El uso de colores en las pr cticas contemplativas puede tener un impacto significativo en la creaci n de un ambiente propicio para la calma, la concentraci n y la relajaci n. Los colores pueden influir en nuestro estado de nimo, energ a y nivel de tranquilidad, por lo que elegir los colores adecuados puede potenciar la experiencia de las pr cticas contemplativas. A continuaci n, te proporcionar algunas recomendaciones sobre el uso de colores en este contexto:

- Tonos suaves y c lidos: Los colores como el azul claro, el verde suave, el rosa pastel y el lila transmiten sensaciones de calma, serenidad y relajaci n. Estos tonos suaves pueden ayudar a crear un ambiente acogedor y tranquilo en el espacio de pr ctica contemplativa.

4. Colores naturales: Los tonos terrosos como el marr n claro, el color crema y el color verde oliva est n asociados con la naturaleza y pueden evocar una sensaci n de conexi n con el entorno natural. Estos colores pueden ser especialmente beneficiosos para promover un sentido de arraigo y

paz interior durante las pr cticas contemplativas.

5. Evitar colores brillantes y llamativos: Los colores fuertes y vibrantes, como el rojo intenso o el amarillo brillante, pueden generar una energ a m s activa y estimulante. Para las pr cticas contemplativas, es recomendable optar por colores m s suaves y sutiles, que favorezcan un estado de relajaci n y enfoque.

Es importante recordar que la elecci n de colores puede variar seg n las preferencias personales y la cultura del entorno educativo. Lo m s importante es crear un ambiente visualmente armonioso y coherente que invite a la calma y a la conexi n interior. Adem s del uso de colores, es fundamental combinarlos con una iluminaci n adecuada, que no sea demasiado intensa ni demasiado tenue. La iluminaci n suave y difusa puede contribuir a crear una atm sfera relajante y propicia para la concentraci n durante las pr cticas contemplativas. En resumen, el uso de colores en las pr cticas contemplativas debe buscar generar un ambiente sereno y acogedor.

Cap tulo 11: M s all del progreso interior: el potencial transformador de la tecnolog a

El uso de la tecnolog a en las pr cticas contemplativas ha evolucionado y ofrece nuevas oportunidades para la meditaci n y el desarrollo personal. Aqu tienes algunas formas en las que la tecnolog a se ha integrado en las pr cticas contemplativas:

1. Aplicaciones m viles: Existen numerosas aplicaciones de meditaci n y mindfulness que ofrecen gu as de audio, temporizadores de meditaci n, seguimiento de progreso y recordatorios para practicar. Algunas aplicaciones populares incluyen: Insight Timer, Headspace y Calmer.

2. Dispositivos con retroalimentaci n inmediata ("biofeedback"): Estos dispositivos para llevar puestos, como relojes inteligentes y pulseras de actividad, pueden proporcionar

informaci n en tiempo real sobre el ritmo card aco, la respiraci n y otros datos fisiol gicos. Les permiten a los practicantes monitorear sus respuestas fisiol gicas, como la frecuencia card aca, la variabilidad del ritmo card aco y la actividad cerebral. Esto puede ayudar a mejorar la conciencia y facilitar un estado de relajaci n profunda durante la meditaci n.

3. Realidad virtual (RV): La RV se est utilizando cada vez m s en el mbito de las pr cticas contemplativas. Permite a los usuarios sumergirse en entornos virtuales relajantes y visualmente atractivos, lo que puede facilitar la

relajaci n y la concentraci n durante la meditaci n.

4. Plataformas en l nea: Existen plataformas en l nea que ofrecen clases y programas de meditaci n en vivo o grabados. Estas plataformas permiten a los usuarios acceder a una amplia variedad de ense anzas y pr cticas contemplativas desde la comodidad de sus hogares.

Al utilizar la tecnolog a de manera consciente y equilibrada, se pueden aprovechar estos recursos para complementar y enriquecer las pr cticas contemplativas, brindando nuevas herramientas y experiencias a los practicantes. El uso de la inteligencia artificial (IA) en las pr cticas contemplativas est emergiendo como una nueva rea de exploraci n. Aunque todav a est en sus primeras etapas, se est n realizando investigaciones y desarrollos para explorar c mo la IA puede mejorar y complementar estas pr cticas.

 Aqu hay algunas formas en las que la IA se est utilizando en relaci n con las pr cticas contemplativas:

- Asistentes virtuales de meditaci n: Algunas compa as est n desarrollando asistentes virtuales basados en IA que pueden guiar a los practicantes en la meditaci n. Estos asistentes pueden proporcionar instrucciones, recordatorios y apoyo personalizado para ayudar a las personas a establecer y mantener una prctica de meditacin regular.

- Anlisis de datos y retroalimentacin: La IA puede analizar datos recopilados de los practicantes, como patrones de respiracin, frecuencia cardaca y respuestas emocionales, y proporcionar retroalimentacin personalizada. Esto puede ayudar a los practicantes a comprender mejor sus estados internos y realizar ajustes en su prctica para lograr resultados ptimos.
- Personalizacin de la experiencia: La IA puede adaptar

las pr cticas contemplativas a las necesidades individuales de los practicantes. Al recopilar datos sobre las preferencias, los niveles de habilidad y los objetivos de los usuarios, la IA puede personalizar las instrucciones y las pr cticas para ofrecer una experiencia m s relevante y efectiva.

- Generaci n de contenido: La IA tambi n se est utilizando para generar contenido de meditaci n y mindfulness. A trav s de algoritmos y modelos de aprendizaje autom tico, la IA puede crear nuevos ejercicios, meditaciones guiadas y recursos basados en los principios y técnicas de las prácticas contemplativas.

Es importante destacar que, si bien la IA puede ser útil como una herramienta complementaria en las prácticas contemplativas, la autenticidad de la conexión humana y la experiencia personal no deben ser reemplazadas por completo. La IA puede servir como un apoyo valioso, pero es esencial mantener una práctica consciente y equilibrada, priorizando siempre la presencia y la conexión con uno mismo y con los demás.

Aquí tienes más información sobre plataformas digitales que se utilizan para el uso de prácticas contemplativas en ambientes educativos:

1. Calm Classroom: Ofrece recursos y actividades de mindfulness y meditación

dise ados espec ficamente para su uso en entornos educativos.

2. Headspace for Educators: Proporciona programas de mindfulness y meditaci n dirigidos a educadores y estudiantes. Incluye contenido espec fico para aulas y pr cticas individuales.

3. Smiling Mind: Una aplicaci n y plataforma en l nea que ofrece programas de mindfulness y meditaci n para diferentes grupos de edad, desde preescolar hasta adultos. Tambi n incluye secciones para educadores.

4. Stop, Breathe & Think: Una aplicaci n que brinda meditaciones guiadas y herramientas de atenci n plena para estudiantes y educadores. Incluye

opciones personalizadas basadas en las necesidades individuales.

5. Mindful Schools: Ofrece programas de formaci n en mindfulness para educadores, as como recursos y actividades para su implementaci n en el aula.

Recuerda que la elecci n de la plataforma depender de tus necesidades espec ficas, el nivel de los estudiantes y los recursos disponibles en tu entorno educativo. Es importante investigar y evaluar cada plataforma para determinar cu l se adapta mejor a tus requerimientos y objetivos de ense anza de pr cticas contemplativas.

Te presento estas plataformas en espa ol que promueven el uso de pr cticas contemplativas en entornos educativos:

- Mindfulness en el Aula: Esta plataforma ofrece recursos, capacitaci n y programas para implementar pr cticas de mindfulness en el mbito educativo. Su objetivo es fomentar la atenci n plena, el bienestar emocional y el rendimiento acad mico de los estudiantes.

- Educalma: Educalma es una plataforma que brinda herramientas y actividades de relajaci n, meditaci n y mindfulness adaptadas para su uso en el entorno educativo. Su enfoque es promover la calma, la concentraci n y la autorregulaci n emocional en los estudiantes.

- Paz y Bienestar en el Aula: Esta plataforma se centra en proporcionar recursos y actividades para fomentar la paz, el bienestar y la atenci n plena en el aula. Ofrece materiales descargables, v deos y ejercicios pr cticos para profesores y estudiantes.

- Aulas Felices: Aulas Felices ofrece cursos y recursos para implementar pr cticas contemplativas en el mbito escolar. Su enfoque se basa en el desarrollo de habilidades socioemocionales, la gesti n del estr s y la promoci n de un clima escolar positivo.

- Mindfulness en Familia: Esta plataforma est dirigida tanto a padres como a educadores y ofrece recursos y actividades para implementar pr cticas de mindfulness en el hogar y en el aula. Su objetivo es fomentar la atenci n plena y la conexi n emocional en el entorno familiar y educativo.

La mayor a de estas plataformas en espa ol tienen su origen en Espa a, donde actualmente se est promoviendo e incorporando ampliamente este tipo de estrategias en entornos educativos, laborales y de salud. La creciente demanda y el reconocimiento de los beneficios de las pr cticas contemplativas han impulsado el desarrollo de plataformas digitales que brindan recursos y herramientas para facilitar su implementaci n. Estas plataformas no solo ofrecen acceso a contenido relevante, sino que tambi n sirven como espacios de apoyo y comunidad donde los usuarios pueden compartir experiencias y aprender juntos. Es importante tener en cuenta que la disponibilidad y el contenido de estas plataformas pueden variar, por lo que es recomendable visitar sus sitios web para obtener informaci n actualizada sobre sus servicios y recursos.

PARTE VI: Cultivando un espacio para la plenitud y el autodescubrimiento: Fomentando un entorno propicio para la atenci n plena

En el ajetreado mundo actual, donde la atenci n se encuentra constantemente dispersa y la vida se mueve a un ritmo acelerado, encontrar momentos de plenitud y autodescubrimiento se vuelve fundamental. En esta parte, exploraremos la importancia de cultivar un espacio propicio para la atenci n plena, tanto en nuestras vidas personales como en entornos educativos. A trav s de pr cticas contemplativas y una cuidadosa creaci n de un entorno enriquecedor, podemos nutrir y fortalecer nuestra capacidad de atenci n plena. A continuaci n, examinaremos estrategias y herramientas para fomentar un entorno propicio para la atenci n plena, donde todos los participantes puedan florecer y descubrir su m ximo potencial.

Cap tulo 12: Despertando la serenidad en casa: Herramientas y enfoques para cultivar las pr cticas contemplativas en el entorno familiar

El uso de pr cticas contemplativas en el hogar puede ser adaptado de acuerdo con las necesidades y din micas familiares. A continuaci n, se presentan algunas sugerencias para modificar su uso en el entorno dom stico:

1. Establecer rutinas regulares: Incorporar momentos espec ficos en el d a para practicar la atenci n plena en familia. Puede ser al comienzo o final del d a, antes de las comidas o antes de acostarse. Establecer una rutina regular ayuda a crear un ambiente propicio para la pr ctica y facilita la participaci n de todos los miembros de la familia.

2. Adaptar las pr cticas a las edades de los ni os: Considerar las edades y capacidades de los ni os al seleccionar las pr cticas contemplativas. Para los m s peque os, se pueden emplear actividades l dicas, como juegos de atenci n plena o ejercicios de respiraci n consciente. Para los adolescentes y adultos, se pueden

ofrecer prácticas más avanzadas, como meditaciones guiadas, técnicas de manejo del estrés o uso de la tecnología y plataformas antes mencionadas como apoyo.

3. Integrar prácticas en las actividades diarias: Buscar oportunidades para aplicar la atención plena en las tareas cotidianas del hogar. Por ejemplo, practicar la atención plena mientras se realiza la limpieza, cocinar o compartir una comida en familia. Esto ayuda a cultivar la conciencia y la presencia plena en las actividades diarias.

4. Crear un espacio tranquilo: Designar un espacio en el hogar donde la familia pueda practicar la atención plena y relajarse. Puede ser un rincón acogedor

con cojines o una habitaci n dedicada para la meditaci n. Asegurarse de que el entorno est libre de distracciones y propicie la calma y la concentraci n.

5. Ser ejemplo como adultos: Los adultos pueden fomentar el uso de pr cticas contemplativas en el hogar al ser un ejemplo activo. Practicar la atenci n plena de forma consistente y compartir los beneficios que se experimentan puede motivar a otros miembros de la familia a unirse.

Recuerda que cada familia es nica, por lo que es importante adaptar las pr cticas contemplativas de acuerdo con sus necesidades y preferencias. La clave es crear un ambiente amoroso y receptivo que promueva la conexi n y el bienestar en el hogar.

Parte VII: De la quietud al crecimiento: Promoviendo pr cticas contemplativas para una educaci n con conciencia.

En el mundo acelerado y demandante en el que vivimos, cada vez m s personas buscan formas de encontrar equilibrio y bienestar en sus vidas. En este contexto, las pr cticas contemplativas han surgido como una herramienta valiosa para cultivar la atenci n plena y la consciencia en diferentes reas, incluyendo la educaci n. De la quietud al crecimiento es un enfoque que promueve la integraci n de pr cticas contemplativas en el entorno educativo, reconociendo su impacto positivo en el desarrollo integral de los estudiantes. Al fomentar la calma, la reflexi n y la conexi n consigo mismos, los estudiantes pueden experimentar una mayor claridad mental, mejor regulaci n emocional y una mayor capacidad de aprendizaje. En este sentido, este enfoque busca transformar la educaci n en un espacio donde la quietud se convierte en una oportunidad para el crecimiento personal y el florecimiento de cada individuo. A trav s de la promoci n de pr cticas contemplativas en el sal n y en el entorno educativo en general, se busca cultivar una educaci n con conciencia, en la cual los estudiantes puedan desarrollar habilidades para la vida, explorar su potencial y encontrar sentido en su aprendizaje.

Cap tulo 13: Balance en la diversidad: Adaptando las pr cticas contemplativas a cada etapa de la vida y a las necesidades personales

El uso de pr cticas contemplativas puede ser adaptado de acuerdo con las edades de los individuos para asegurar su efectividad y relevancia. A continuaci n, se presentan algunas modificaciones sugeridas:

- Educaci n temprana (3-5 a os): En esta etapa, se pueden introducir pr cticas contemplativas a trav s de actividades simples y l dicas, como respiraci n consciente, juegos de atenci n plena y movimientos suaves. Se enfoca en desarrollar la conciencia sensorial y la regulaci n emocional de manera accesible y divertida.

- Escuela primaria (6-12 a os): En esta etapa, se pueden utilizar t cnicas de mindfulness adaptadas a la edad, ejercicios de atenci n plena basados en los sentidos y pr cticas de relajaci n, entre otros. Se pueden integrar en la rutina diaria, como al inicio o final del d a escolar, o como descansos activos entre las lecciones.

- Adolescentes (13-18 a os): Para esta etapa, es beneficioso incorporar pr cticas contemplativas que sean m s relevantes para los adolescentes, como la exploraci n de emociones, t cnicas de manejo del estr s y la aplicaci n de mindfulness en situaciones cotidianas. Se pueden utilizar aplicaciones m viles, videos en l nea o ejercicios de autorreflexi n para fomentar su participaci n.

- Adultos (19 a os en adelante): Para adultos, se pueden ofrecer pr cticas contemplativas m s amplias y profundas, como retiros de meditaci n, cursos de mindfulness y programas de desarrollo personal. Tambi n se pueden integrar t cnicas de mindfulness en el entorno laboral para gestionar el estr s y mejorar el bienestar en general.

Es importante recordar que cada individuo es nico, y las adaptaciones deben considerar las necesidades y preferencias de cada grupo de edad. Los facilitadores y educadores pueden ajustar las pr cticas contemplativas seg n el contexto y asegurarse de que sean apropiadas, accesibles y atractivas para cada grupo.

Cap tulo 14: Voces Transformadoras: Experiencias de padres, educadores y otros profesionales al observar el uso de pr cticas contemplativas en el sal n de clases

Mediante una encuesta interna, me complace compartir con ustedes los testimonios de padres, madres, encargados, maestros y otros profesionales de la educaci n, quienes han experimentado de primera mano los impactos y la efectividad del uso de las pr cticas contemplativas en la sala de clases. Estas valiosas voces nos brindan una perspectiva genuina y enriquecedora sobre c mo estas pr cticas han transformado la vida de los estudiantes y han enriquecido su experiencia educativa. A trav s de sus testimonios, pude apreciar los beneficios y las mejoras tangibles que ellos han observado en reas como la atenci n, el bienestar emocional, la concentraci n y el desarrollo de habilidades socioemocionales. Sus palabras son un testimonio inspirador del poder transformador de las pr cticas contemplativas en el contexto educativo y me invitan a seguir fomentando y expandiendo su implementaci n. Para mantener la confidencialidad, los nombres de los participantes han sido sustituidos por pseud nimos.

Padres, madres o encargados:

1. "Estoy realmente impresionada con el impacto positivo que las pr cticas han tenido en mi hijo. Ha aprendido a manejar mejor sus emociones y a concentrarse en sus tareas escolares de manera m s efectiva. ¡Estoy agradecida de que estas t cnicas se est n utilizando en su sal n de clases!" - Madre entusiasmada.

2. "Ver a mi hija participar en las pr cticas contemplativas ha sido maravilloso. Ha desarrollado una mayor conciencia de s misma y de los dem s, lo que ha mejorado su capacidad para

relacionarse y cooperar con sus compañeros. Estoy realmente feliz de que estas prácticas sean parte de su experiencia educativa." - Madre orgullosa.

3. "Mi hijo solía tener dificultades para controlar su impulsividad y mantenerse enfocado en el aprendizaje. Desde que comenzaron a usar estas prácticas en su salón de clases, ha demostrado una notable mejoría en su capacidad para autorregularse y mantener la calma. Estoy sorprendida y agradecida por los resultados." – Madre satisfecha.

4."Como madre, me gustó el uso de estas técnicas en el salón de clases de mi hijo. No es solo lo académico, sino que tambi n trabajan en su bienestar emocional y mental. Estoy impresionada por c mo estas t cnicas han ayudado a mi hijo a desarrollar nuevas habilidades y autocontrol." - Madre agradecida.

Maestros y profesionales de la educaci n

1. "Me siento inspirado al presenciar los resultados positivos que ha logrado mi colega al implementar las pr cticas contemplativas en su sal n de clases. Sus estudiantes muestran una mayor capacidad para regular sus emociones, una mayor concentraci n en las tareas y una mejor disposici n para colaborar. ¡Es un testimonio del impacto transformador de estas t cnicas en el proceso de

ense anza-aprendizaje!" - Profesional impresionado.

2. "Observar el progreso de los estudiantes en el sal n de clases de mi compa era, gracias al uso de pr cticas contemplativas, es verdaderamente gratificante. Han desarrollado una mayor conciencia de s mismos y de los dem s, lo que ha mejorado su habilidad para resolver conflictos y trabajar en equipo. Estoy encantada de que estas estrategias est n teniendo un impacto tan positivo en su crecimiento personal y acad mico." - Educadora satisfecha.

3. "Como educadora, siempre estoy buscando nuevas formas de enriquecer la experiencia de aprendizaje de mis estudiantes. Ver los resultados

favorables del uso de prácticas contemplativas en el salón de clases de quién fue mi maestra cooperadora me dejó asombrada. Los estudiantes estaban más tranquilos, más enfocados y mostraban una mayor empatía hacia los demás. Estoy motivada para implementar estas técnicas en mi propia práctica docente." - Maestra inspirada.

4. "Al utilizar prácticas contemplativas en su salón de clases, ella ha logrado crear un ambiente de aprendizaje realmente especial. Sus estudiantes demuestran un mayor control emocional y una capacidad para concentrarse en las tareas académicas. Además, con ella han desarrollado habilidades para

manejar el estr s y la ansiedad. Es inspirador presenciar c mo estas pr cticas benefician tanto el bienestar de los estudiantes como su rendimiento acad mico." - Educador impresionado.

5. "Estoy maravillada por el impacto positivo que he observado en el sal n de clases de mi colega gracias a las pr cticas contemplativas. Sus estudiantes est n m s conectados con ellos mismos y con los dem s, lo que ha mejorado significativamente el ambiente de aprendizaje. Ver c mo los estudiantes aplican estas t cnicas para resolver conflictos y regular sus emociones me motiva a explorar m s a fondo estas

estrategias en mi propia ense anza." - Maestra entusiasmada.

Cap tulo 15: Despertando al cambio: Conclusiones, reflexiones y llamado a la acci n

Conclusiones

El uso de pr cticas contemplativas en el entorno educativo ha demostrado numerosos beneficios y un impacto significativo en el bienestar y el rendimiento de los estudiantes. Estas pr cticas promueven la autorregulaci n emocional, la concentraci n, la empat a y la resoluci n pac fica de conflictos. Los estudiantes que participan en estas pr cticas muestran una mayor capacidad para gestionar el estr s y la ansiedad, as como una mayor conexi n consigo mismos y con los dem s. Adem s, se ha observado una mejora en el clima escolar, con un ambiente m s armonioso y colaborativo. Como educadora tambi n he visto y me he beneficiado de utilizar estas t cnicas, experimentando una mayor satisfacci n en la labor docente. He observado un mayor compromiso y participaci n por parte de los estudiantes para realizar las tareas diarias. Por eso puedo compartir, que el uso de pr cticas contemplativas en el entorno educativo no solo mejora el bienestar emocional de los estudiantes, sino que tambi n optimiza su aprendizaje y promueve un entorno escolar saludable y enriquecedor.

Reflexiones

 El uso y desarrollo de las prácticas contemplativas en entornos educativos nos ha mostrado que su impacto va más allá de la adquisición de conocimientos académicos. Estas prácticas han demostrado ser herramientas poderosas para fomentar la atención plena, el bienestar emocional y el desarrollo integral de los estudiantes. La incorporación de las prácticas contemplativas en el salón nos invita a replantearnos el papel de la educación y a considerar la importancia de cultivar habilidades socioemocionales en nuestros estudiantes. Al priorizar el equilibrio entre lo académico, lo social y lo emocional, estamos preparando a los estudiantes para enfrentar los desafíos del siglo XXI de una manera más saludable y consciente. Las investigaciones respaldan los beneficios de las prácticas contemplativas en la mejora del rendimiento acad mico, la reducci n del estr s, la mejora de las habilidades de autorregulaci n y la promoci n de un ambiente educativo m s positivo y colaborativo. Estos hallazgos nos invitan a considerar seriamente la integraci n de estas pr cticas en el curr culo escolar.

Para lograr un cambio significativo en la educaci n, es necesario que los educadores, padres y profesionales se comprometan en promover y apoyar el uso y desarrollo de las pr cticas contemplativas en los entornos educativos. Esto requiere una apertura hacia el cambio, implica buscar una alternativa adecuada y fomentar una estrecha colaboraci n entre todas las partes involucradas. No podemos ignorar el poder transformador de las pr cticas contemplativas en la vida de los estudiantes y en el entorno educativo en general. Es hora de reconocer y valorar su importancia y considerar cómo podemos integrarlas de manera efectiva en nuestras escuelas y comunidades.

En conclusión, las prácticas contemplativas tienen el potencial de revolucionar la educación, brindando a los estudiantes herramientas para el autodescubrimiento, la autorregulación emocional y el florecimiento personal. Es nuestro deber como educadores y líderes educativos aprovechar esta oportunidad y promover un cambio positivo en nuestros entornos educativos.

Llamado a la acción

Cultivemos el bienestar y el desarrollo integral de nuestros estudiantes a través de las prácticas contemplativas:

Al integrar las pr cticas contemplativas en el curr culo escolar: Instamos a los educadores y l deres educativos a considerar la inclusi n de las pr cticas contemplativas en el curr culo escolar como una herramienta fundamental para el bienestar y el desarrollo integral de los estudiantes. Esto implica dedicar tiempo y recursos para capacitar a los docentes en la implementaci n efectiva de estas pr cticas en el sal n.

- Hay que fomentar la colaboraci n entre educadores, padres y profesionales: Invitamos a establecer un di logo abierto y constructivo entre educadores, padres y profesionales para compartir conocimientos, experiencias y recursos sobre las pr cticas contemplativas. La colaboraci n entre todas las partes involucradas fortalecer el enfoque del desarrollo de los estudiantes.

- Debemos proporcionar espacios seguros y propicios para la pr ctica contemplativa: Es esencial crear entornos f sicos y emocionales que favorezcan la pr ctica de las t cnicas contemplativas. Esto implica establecer espacios tranquilos y silenciosos, as como brindar apoyo emocional y herramientas adecuadas para que los estudiantes puedan embarcarse en su viaje de autodescubrimiento y bienestar.

- Es necesario promover la formaci n y capacitaci n continua: Reconocemos la importancia de la formaci n y capacitaci n continua de los educadores en el campo de las pr cticas contemplativas. Es fundamental que los docentes se mantengan actualizados sobre los avances en este campo y desarrollen las habilidades necesarias para guiar y apoyar a los estudiantes en sus ejercicios de pr ctica contemplativa.

- Se recomienda evaluar y compartir evidencia: Instamos a los investigadores y profesionales a seguir explorando y documentando los beneficios de las pr cticas contemplativas en el entorno educativo. La recopilaci n y difusi n de evidencia cient fica respaldar a n m s la implementaci n y aceptaci n de estas pr cticas, brindando un respaldo s lido a su impacto positivo en el bienestar y el desarrollo de los estudiantes.

Juntos, podemos hacer una diferencia significativa en la vida de nuestros estudiantes al promover el bienestar y el desarrollo integral a trav s de las pr cticas contemplativas. Hagamos de estas pr cticas una parte integral de nuestros entornos educativos y trabajemos juntos para crear una educaci n que nutra el cuerpo, la mente y la capacidad de aprender de cada estudiante.

Parte VIII: ANEJOS

I. Modelo que integra las pr cticas contemplativas en la educaci n

(MALC: Modelo atentos, listos y contentos en el sal n©) (MALC: Mindfulness Applied to Learning Communities ©)

1. Fundamentos de las pr cticas contemplativas:

- Introducci n a las pr cticas contemplativas y sus beneficios en el aprendizaje y el bienestar emocional.

2. Creaci n de un entorno propicio

- Establecimiento de un ambiente seguro y respetuoso que fomente la atenci n plena y la autorregulaci n.

3. Desarrollo de la conciencia corporal:

- Pr cticas de respiraci n consciente, estiramientos suaves y ejercicios de movimiento consciente para conectar mente y cuerpo.

4. Atenci n plena en el aula:

- Incorporaci n de momentos de pausa y pr cticas de atenci n plena en las actividades diarias de la clase.

5. Cultivo de la empat a y la compasi n:

- Ejercicios que promueven la empat a, la escucha activa y la compasi n hacia uno mismo y los dem s.

6. Gesti n emocional:

- Herramientas para reconocer y regular las emociones, como la exploraci n de los sentimientos y la pr ctica de la autocompasi n.

7. Mejora de la concentraci n y el enfoque:

- T cnicas para desarrollar la concentraci n y el enfoque, como la meditaci n focalizada y la atenci n plena en la tarea presente.

8. Integraci n en el curr culo:

- Aplicaci n de las pr cticas contemplativas en diferentes reas del curr culo, como la lectura, la escritura, las ciencias y las artes.

9. Evaluaci n y seguimiento:

- Valoraci n de los avances en el bienestar emocional, la concentraci n y el rendimiento acad mico a trav s de observaciones y retroalimentaci n.

10. Colaboraci n y comunidad:

- Promoci n de la colaboraci n, la comunicaci n y el respeto mutuo dentro del aula y en la comunidad escolar.

Este modelo busca integrar las pr cticas contemplativas de manera sistem tica en el entorno educativo, brindando a los estudiantes herramientas para el autoconocimiento, la autorregulaci n y el desarrollo de habilidades socioemocionales. Recuerda adaptar el modelo a las necesidades y caracter sticas espec ficas de tus estudiantes y contexto educativo.

II. Flujograma de actividades

Flujograma de actividades educativas con el uso de pr cticas contemplativas en el entorno educativo:

1. Inicio:

- Saludo y creaci n de un ambiente acogedor.

2. Calentamiento y preparaci n:

- Ejercicios de respiraci n consciente.
- Estiramientos suaves para relajar el cuerpo

3. Atenci n plena:

- Pr cticas de atenci n plena, como la observaci n de la respiraci n o el escaneo corporal

4. Exploraci n sensorial:

- Actividades que involucran los sentidos, como la escucha atenta de sonidos o la observaci n de objetos.

5. Movimiento consciente:

- Ejercicios de movimiento consciente, como yoga o tai chi, que promueven la conexi n mente-cuerpo.

6. Creatividad y expresi n:

- Actividades art sticas, como la pintura, el dibujo o la escritura, para fomentar la expresi n personal y liberar emociones.

7. Reflexi n y di logo:

- Momentos de reflexi n individual y grupal sobre las experiencias vividas durante las pr cticas contemplativas.

8. Integraci n:

- Aplicaci n de lo aprendido en situaciones cotidianas, como la gesti n emocional o la resoluci n de conflictos.

9. Cierre:

- Compartir reflexiones finales y expresar gratitud por la experiencia.
- Es importante adaptar las actividades a las edades y necesidades de los estudiantes, as como contar con un ambiente tranquilo y respetuoso para llevar a cabo las pr cticas contemplativas. Recuerda que este flujograma es solo una gu a y puedes modificarlo seg n tus objetivos y recursos disponibles.

III. Explorando y evaluando: Herramientas de medici n de resultados y seguimiento al uso de las pr cticas contemplativas en un entorno educativo

Existen diversas herramientas de medici n que se pueden utilizar para evaluar la efectividad del uso de pr cticas contemplativas en un entorno educativo. Algunas sugerencias incluyen:

> 1. Cuestionarios o encuestas: Se pueden dise ar cuestionarios espec ficos para recopilar informaci n sobre el bienestar emocional, la atenci n, el estr s y otros aspectos relevantes en relaci n con el uso de pr cticas contemplativas.

2. Observaci n directa: Los observadores capacitados pueden utilizar listas de verificaci n o escalas de evaluaci n para observar y registrar el comportamiento de los estudiantes durante las pr cticas contemplativas, como su nivel de atenci n, relajaci n o participaci n activa.

3. Mediciones fisiol gicas: Se pueden utilizar dispositivos de medici n fisiol gica, como monitores de frecuencia card aca, para registrar los cambios en los niveles de estr s, la relajaci n o la respuesta emocional durante las pr cticas contemplativas.

4. Entrevistas o testimonios: Realizar entrevistas individuales o grupales a los

estudiantes para recopilar sus experiencias y percepciones sobre los efectos de las pr cticas contemplativas en su bienestar emocional, enfoque y habilidades de autorregulaci n.

Es importante adaptar las herramientas de medici n a las necesidades y objetivos espec ficos del entorno educativo, as como asegurarse de contar con el consentimiento adecuado y proteger la privacidad de los participantes. Como ejemplo, te presento un instrumento de medici n que puedes utilizar para evaluar la efectividad de las pr cticas contemplativas en un entorno educativo. Este instrumento se centra en medir la percepci n de los estudiantes sobre su bienestar emocional, concentraci n y habilidades de autorregulaci n. Recuerda que este es solo un ejemplo y puedes adaptarlo según tus necesidades específicas. Puedes añadir caritas o emojis para que los estudiantes escojan la contestación que más los represente.

Cuestionario de Evaluación de Prácticas Contemplativas en el Entorno Escolar

Instrucciones: Por favor, lee cada afirmación y marca la opción que mejor represente tu experiencia con relación a las prácticas contemplativas realizadas en clase. Utiliza la siguiente escala de respuesta:

1 - En desacuerdo

2 - Algo en desacuerdo

3 - Neutro

4 - Algo de acuerdo

5 - Totalmente de acuerdo

A. _____Bienestar emocional:

- Las prácticas contemplativas me ayudan a sentirme más tranquilo/a y en calma. ___

- Después de las prácticas contemplativas, siento que mis emociones están más equilibradas. ___

- Las prácticas contemplativas me hacen sentir más feliz y contento/a.____

B. _____Concentración:

- Durante las prácticas contemplativas, puedo mantener mi atención en lo que estamos haciendo sin distraerme. ___

- Después de las prácticas contemplativas, puedo concentrarme mejor en las tareas que realizamos en clase. ___

- Las prácticas contemplativas me ayudan a mejorar mi atención y concentración.
___

C. _____Autorregulación:

- Las prácticas contemplativas me enseñan a reconocer y controlar mis emociones de manera más efectiva.___
- Utilizando las técnicas de las prácticas contemplativas, puedo calmarme cuando me siento ansioso/a o enojado/a. ___
- Las prácticas contemplativas me ayudan a tomar decisiones más pensadas y reflexivas.___

Una vez completado el cuestionario, puedes calcular un puntaje total sumando las respuestas de cada ítem para obtener una medida general de la efectividad percibida de las prácticas contemplativas. Además, puedes analizar las respuestas de cada ítem por separado para identificar áreas específicas que pueden beneficiarse o requerir más atención en el uso de estas prácticas en el entorno escolar primario.

IV. Enciclocontemplativa (Glosario)

1. Atención plena: Es la capacidad de prestar atención deliberadamente al momento presente sin juzgar. Implica observar y aceptar los pensamientos, emociones y sensaciones corporales sin involucrarse en ellos.

2. Efecto del aprendizaje: Se refiere a los cambios en el cerebro que ocurren como resultado del aprendizaje. Incluye la formación de

nuevas conexiones sin pticas y la consolidaci n de la informaci n aprendida.

3. Estr s: Es una respuesta fisiol gica y emocional del organismo ante situaciones percibidas como amenazantes o desafiantes. Puede afectar el rendimiento cognitivo y emocional de los estudiantes.

4. Neuroeducaci n: Es un campo interdisciplinario que combina la neurociencia y la educaci n. Busca entender c mo el cerebro aprende y utiliza esa informaci n para informar las pr cticas pedag gicas y mejorar el proceso de ense anza-aprendizaje.

5. Neuroplasticidad: Es la capacidad del cerebro para cambiar su estructura y funci n en respuesta a la experiencia. Significa que el

cerebro puede adaptarse y reorganizarse a lo largo de la vida.

6. Plasticidad cerebral: Es la capacidad del cerebro para cambiar y adaptarse a nuevas experiencias. Incluye la formaci n de nuevas conexiones sin pticas y la generaci n de nuevas neuronas.

7. Pr cticas contemplativas: Son t cnicas o ejercicios que fomentan la atenci n plena, la relajaci n y la conexi n interna, como la meditaci n, la respiraci n consciente y la visualizaci n.

8. Resiliencia: Es la capacidad de recuperarse r pidamente de situaciones estresantes o adversas. Las pr cticas contemplativas pueden promover la resiliencia emocional y ayudar a los

estudiantes a enfrentar los desaf os con mayor eficacia.

9. Sistema propioceptivo: Es el sistema sensorial interno que nos proporciona informaci n sobre la posici n y movimiento de nuestro cuerpo. Incluye receptores en los m sculos, articulaciones y tejidos conectivos.

10. Sistema vestibular: Es el sistema sensorial responsable de detectar el movimiento y la posici n de la cabeza en relaci n con la gravedad. Contribuye al equilibrio, la coordinaci n y la orientaci n espacial.

Recuerda que estos son solo algunos de los t rminos que son fundamentales para comprender el uso y los beneficios de las pr cticas contemplativas en un entorno educativo. Puedes ajustar estos conceptos seg n tus necesidades.

REFERENCIAS

Black, D. S., Milam, J., & Sussman, S. (2012). Sitting-Meditation Interventions Among Youth. Journal of Alternative and Complementary Medicine, 18(2), 99-106.

Calle, R. (2017). Atentos y contentos: Mindfulness para ni os. Editorial Kair s.

Capra, F. (1998). La trama de la vida...Barcelona: Anagrama.

Davidson, R. J., & McEwen, B. S. (2012). Social influences on neuroplasticity: Stress and interventions to promote well-being. In M. H. Bornstein, M. E. Lamb, T. Leventhal, & R. Lerner

(Eds.), Developmental science: An advanced textbook (6th ed., pp. 693-714). Psychology Press.

D vila, K. R., & D az de Villegas, J. L. (2012). El budismo zen y la pr ctica contemplativa (Spanish Edition). Editorial.

Draganski, B., Gaser, C., Kempermann, G., Kuhn, H. G., Winkler, J., B chel, C., & May, A. (2004). Neuroplasticity: changes in grey matter induced by training. Nature, 427(6972), 311-312.

Felver, J. C., Celis-de Hoyos, C. E., Tezanos, K., & Singh, N. N. (2016). A systematic review of mindfulness-based interventions for youth in school settings. Mindfulness, 7(1), 34-45.

Goodman, T. (2015). Trabajar con ni os. En Germer, C., Seigel, R.& Fulton, P. (Eds.),

Mindfulness y psicoterapia. (pp. 347-377). Nueva York, NY: Guilford Press.

Howard-Jones, P. A. (2010). Introducing neuroeducational research: Neuroscience, education, and the brain from contexts to practice. Routledge

H bner, R., & Kunina-Habenicht, O. (2019). Lifespan neuroplasticity: A perspective from human development and aging. Developmental Cognitive Neuroscience, 37, 100635.

Iwasaki, S., & Yamasoba, T. (2015). Dizziness and imbalance in the elderly: age-related decline in the vestibular system. Aging and disease, 6(1), 38-47.

Jennings, P. A., Snowberg, K. E., Coccia, M. A., & Greenberg, M. T. (2013). Improving Classroom

Learning Environments by Cultivating Awareness and Resilience in Education (CARE): Results of a Randomized Controlled Trial. School Psychology Quarterly, 28(4), 374-390.

Kabat-Zinn, J. (1994). Wherever You Go, There You Are: Mindfulness Meditation in Everyday Life. Hachette Books.

Kabat-Zinn, J. (2013). Full Catastrophe Living: Using the Wisdom of Your Body and Mind to Face Stress, Pain, and Illness (Revised Edition). Bantam.

Langer, E. (1989). Mindfulness. Addison-Wesley.

Lazar, S. (2015). La neurobiolog a del mindfulness. En Germer, C., Seigel, R.& Fulton, P. (Eds.), Mindfulness y psicoterapia. (pp. 405-422). Nueva York, NY: Guilford Press.

Meiklejohn, J., Phillips, C., Freedman, M. L., Griffin, M. L., Biegel, G., Roach, A., ... & Saltzman, A. (2012). Integrating mindfulness training into K-12 education: Fostering the resilience of teachers and students. Mindfulness, 3(4), 291-307.

Mendelson, T., Greenberg, M. T., Dariotis, J. K., Gould, L. F., Hoades, B. L., & Leaf, P. J. (2010). Feasibility and preliminary outcomes of a school-based mindfulness intervention for urban youth. Journal of abnormal child psychology, 38(7), 985-994.

Roeser, R. W., Skinner, E., Beers, J., & Jennings, P. A. (2012). Mindfulness Training and Teachers' Professional Development: An Emerging Area of Research and Practice. Child Development Perspectives, 6(2), 167-173.

Schonert-Reichl, K. A., & Lawlor, M. S. (2010). The effects of a mindfulness-based education program on pre- and early adolescents' well-being and social and emotional competence. Journal of School Psychology, 48(3), 301-321.

Schonert-Reichl, K. A., Oberle, E., Lawlor, M. S., Abbott, D., Thomson, K., Oberlander, T. F., & Diamond, A. (2015). Enhancing cognitive and social–emotional development through a simple-to-administer mindfulness-based school program for elementary school children: A randomized controlled trial. Developmental Psychology, 51(1), 52-66.

Siegel, D. J. (2012). The developing mind: How relationships and the brain interact to shape who we are. Guilford Press.

Tang, Y. Y., H Izel, B. K., & Posner, M. I. (2015). The neuroscience of mindfulness meditation. Nature Reviews Neuroscience, 16(4), 213-225.

Van der Kolk, B. A. (2015). The body keeps the score: Brain, mind, and body in the healing of trauma. Penguin Books.

Zenner, C., Herrnleben-Kurz, S., & Walach, H. (2014). Mindfulness-based interventions in schools—a systematic review and meta-analysis. Frontiers in Psychology, 5, 603.

Made in the USA
Columbia, SC
28 August 2023

22139099R00109